天津市互联网金融协会
TIANJIN INTERNET FINANCE ASSOCIATION

TIANJIN
Internet Finance Industry Report

天津市互联网金融发展报告

2018

天津市互联网金融协会 ◎ 编著

中国金融出版社

责任编辑：亓　霞
责任校对：张志文
责任印制：张也男

图书在版编目（CIP）数据

天津市互联网金融发展报告（Tianjinshi Hulianwang Jinrong Fazhan Baogao）.2018/天津市互联网金融协会编著. —北京：中国金融出版社，2018.8

ISBN 978 - 7 - 5049 - 9676 - 3

Ⅰ.①天…　Ⅱ.①天…　Ⅲ.①互联网络—应用—金融—研究报告—天津—2018　Ⅳ.①F832.29

中国版本图书馆CIP数据核字（2018）第165684号

出版
发行　**中国金融出版社**

社址　北京市丰台区益泽路2号
市场开发部　（010）63266347，63805472，63439533（传真）
网上书店　http://www.chinafph.com
　　　　　（010）63286832，63365686（传真）
读者服务部　（010）66070833，62568380
邮编　100071
经销　新华书店
印刷　北京侨友印刷有限公司
尺寸　169毫米×239毫米
印张　11.75
字数　140千
版次　2018年8月第1版
印次　2018年8月第1次印刷
定价　60.00元
ISBN 978 - 7 - 5049 - 9676 - 3
如出现印装错误本社负责调换　联系电话（010）63263947

本书编委会

主 任 委 员：李文茂

副主任委员（以姓氏笔画为序）：

马 英　王 宇　王永勤　李书海
周 园　郭 巍　高 勒　符宏明

委　　　员（以姓氏笔画为序）：

王江峰　王 兰　王 佳　牛 跃
冯 欣　刘宏涛　肖琳璐　张 怡
张少琛　何 丹　周少伟　柳 勇
崔英剑

统　　　稿：崔英剑　肖琳璐

序 言

　　互联网金融是金融与科技深度融合的创新性金融业态。近年来，随着云计算、大数据、区块链、人工智能、量子通信等新兴技术的逐步成熟，互联网金融也迎来了发展的黄金时期，并在深化金融改革、推动金融创新、弥补传统金融短板、提升金融服务质效、构建多层次金融体系方面发挥了巨大作用。

　　天津是我国北方首个自由贸易试验区，是京津冀协同发展金融创新运营示范区，也是全国为数不多的金融全牌照城市之一。良好的政策环境和基础设施为互联网金融发展提供了广阔的空间。天津市互联网金融行业虽然起步较晚、规模不大，但近年来发展势头非常迅猛，已经具备了较为完备的业务门类，在合规运营和服务民生方面也积极履行着自身的社会责任。

　　真正意义上的互联网金融从产生至今不过十余年的时间，其间各细分业态的组织形式、运营模式等都在不断发展变化，目前尚无一套规范、完整、准确的全业态统计标准。互联网金融数据散见于各金融监管部门和第三方机构发布的相关报告之中，部分业态发展情况只能以典型调查和抽样调查数据为准。

　　天津市互联网金融协会自2016年12月29日成立以来，一直在为行业数据信息的统计采集工作作出努力。2018年初，协会在金融监管部门的支持下组织成立了《天津市互联网金融发展报告（2018）》编委会，着手编制《天津市互联网金融发展报告（2018）》。

　　该报告汇集了天津市各金融监管机构及众多互联网金融从业机构的相关统计数据，系统分析了2017年天津市互联网金融行业的发展概况、存在的问题及未来发展趋势，并整理汇编了部分从业机构在推进普惠金融发展、开展金融服务创新方面的一些典型做法，具有较强的准确性、全面性和专业性，可为政府、监管部门、从业机构、专业人士研究和了解天津市互联网金融提供较为有价值的参考信息。

　　本报告的编制离不开天津市金融工作局、人民银行天津分行、天津银保监局、天津证监局以及各会员单位的大力支持，在此，我谨代表天津市互联网金融协会向为本报告提供帮助的各位领导、专家表示感谢！

　　此外，由于编者水平有限，编排中难免会有疏漏，期望广大读者给予批评指正。

天津市互联网金融协会会长

2018年6月

目 录

第一部分

天津市互联网金融
发展情况及展望

第一章
互联网金融发展概况

- 概念解读
- 天津市互联网金融发展环境
- 天津市互联网金融总体发展情况
- 天津市互联网金融的发展趋势与展望

第一节　概念解读

一、互联网金融的概念

2015年7月，中国人民银行、工业和信息化部、公安部、财政部、国家工商总局、国务院法制办公室、中国银监会、中国证监会、中国保监会、国家互联网信息办公室联合印发了《关于促进互联网金融健康发展的指导意见》（以下简称《指导意见》），首次明确了互联网金融的概念。

《指导意见》指出，互联网金融是传统金融机构与互联网企业利用互联网技术和信息通信技术实现资金融通、支付、投资和信息中介服务的新型金融业务模式。

二、互联网金融的主要业态

按照《指导意见》的表述，互联网金融主要包括互联网支付、网络借贷、互联网基金销售、股权众筹融资、互联网保险、互联网信托和互联网消费金融等业态。

（一）互联网支付

互联网支付指银行及持有支付业务许可证的非银行支付机构提供的通过计算机、手机等设备，依托互联网发起支付指令、转移货币资金的服务。互联网支付业务由人民银行负责监管。

（二）网络借贷

网络借贷包括个体网络借贷（P2P网络借贷）和网络小额贷款。个体网络借贷指个体和个体之间通过互联网平台实现的直接借贷，平台主要为借贷双方的直接借贷提供信息服务，不代替客户承诺保本保息，不发放贷款。网络小额贷款指互联网企业通过其控制的小额贷款公司，利用互联网向客户提供的小额贷款。网络借贷业务由中国银监会[①]负责监管。

（三）互联网基金销售

互联网基金销售指持有基金销售业务资格证书的基金销售机构与其他机构通过互联网合作销售基金等理财产品。互联网基金销售业务由中国证监会负责监管。

（四）股权众筹融资

股权众筹融资主要指通过互联网形式进行公开小额股权融资的活动，具体而言，指创新创业者或小微企业通过股权众筹融资中介机构互联网平台公开募集股本的活动。未经国务院证券监督管理机构批准，任何单位和个人不得开展股权众筹融资活动。目前，股权融资试点尚未启动。一些市场机构开展的冠以"股权众筹"名义的活动，是通过互联网形式进行的非公开股权融资或私募股权投资基金募集行为，不属于本定义中的股权众筹融资范围。股权众筹融资业务由中国证监会负责监管。

（五）互联网保险

互联网保险指经保险监督管理机构批准设立，并依法登记注册的保险公司和保险专业中介机构依托互联网和移动通信技术，通过自营网络平台、第三方网络平台等订立保险合同、提供保险服务的业务。互联网保险业务由中国保监会负责监管。

[①] 2018年3月，根据国务院机构改革方案，设立中国银保监会，不再保留中国银监会和中国保监会。但本报告相关内容及参考资料截止时间为2017年末，故仍按当时情况使用中国银监会或中国保监会。下同。

（六）互联网信托

互联网信托指持有金融许可证的信托公司通过互联网平台开展的信用委托业务。互联网信托业务由中国银监会负责监管。

（七）互联网消费金融

互联网消费金融指商业银行、持有金融许可证的消费金融公司等机构以互联网技术为手段，向各阶层消费者提供的消费金融服务。互联网消费金融业务由中国银监会负责监管。

（八）其他互联网金融业态

其他互联网金融业态指除上述几种业态外，其他利用互联网和信息通信技术提供金融服务的业务模式。

三、互联网金融的发展历程

（一）萌芽阶段（1997—2006年）

该阶段以网上银行、网上证券的诞生为主要标志。在这一阶段，互联网主要被视为金融机构提供金融服务的技术手段，还没有形成真正的互联网金融业态。

（二）起步阶段（2007—2011年）

该阶段以第三方支付的快速发展以及P2P网络借贷、互联网股权众筹平台、网络小贷、互联网基金销售的出现为主要标志。这一阶段，互联网金融开始作为独立的业态出现，但总体发展速度不快。

（三）快速成长阶段（2012—2014年）

该阶段以传统金融机构和互联网企业加速布局互联网金融为主要标志。在这一阶段，互联网金融从业机构数量、业务总量、客户规模实现爆发式增长，不同业态的分化特征日益明显。

（四）规范阶段（2015年至今）

该阶段以人民银行等十部委联合发布的《关于促进互联网金融健康发展的指导意见》及国务院发布的《互联网金融风险专项整治工作实施方案》为主要标志。在这一阶段，互联网金融监管格局逐步确立，互联网金融发展逐步纳入规范化轨道。

中国互联网金融大事记见表1-1。

表1-1　　　　　　　　　　中国互联网金融大事记

时间	事件
1997年	招商银行率先推出网上银行
2004年	全球最大的第三方支付平台支付宝成立
2007年	中国第一家P2P网贷平台上线运营
2010年	浙江阿里巴巴小额贷款有限公司成立，网络小额贷款的形式开始出现
2011年	股权众筹模式进入中国
	首批第三方支付牌照发放
2012年	首批独立基金销售机构获得第三方基金销售牌照
2013年	北京银行首推直销银行
	国内正式诞生第一例股权众筹案例
	全国首家互联网保险公司获批筹建
2015年	首批8家个人征信试点机构获准筹备运营
	人民银行等十部委联合发布《关于促进互联网金融健康发展的指导意见》
2016年	国务院发布《互联网金融风险专项整治工作实施方案》，互联网风险专项整治工作正式启动
	中国互联网金融协会及地方互联网金融自律组织相继成立

资料来源：天津市互联网金融协会。

四、互联网金融相关行政许可

按照国家相关监管政策要求，我国需要审批和备案的金融业务资质有三十多种，包括银行、证券、保险、信托、金融租赁、期货、基金、基金子公司、基金销售、第三方支付、小额贷款、典当等，互联网金融机构应按照其从事的金融业务获取相应的行政许可（见表1-2）。

表1-2 互联网金融相关行政许可

业态	行政许可	审批机关	法律依据
互联网支付	支付业务许可证	中国人民银行	《非金融机构支付服务管理办法》
网络小贷	网络小额贷款牌照（目前暂停批设）	地方监管部门	《关于小额贷款公司试点的指导意见》及地方监管部门有关规定
P2P网络借贷	目前尚未发放	地方监管部门	《网络借贷信息中介机构备案登记管理指引》及地方监管部门有关规定
互联网直销银行	银行牌照（金融许可证）	中国银监会	《中华人民共和国商业银行法》《中资商业银行行政许可事项实施办法》
互联网证券	经营证券业务许可证	中国证监会	《中华人民共和国证券法》《证券公司监督管理条例》
互联网基金销售	基金销售业务资格证书	地方中国证监会派出机构	《证券投资资金销售管理办法》
互联网保险	经营保险业务许可证	中国保监会	《中华人民共和国保险法》
互联网信托	信托牌照（金融许可证）	中国银监会	《信托公司管理办法》《非银行金融机构行政许可事项实施办法》
互联网消费金融	消费金融牌照①（金融许可证）	中国银监会	《消费金融公司试点管理办法》

资料来源：天津市互联网金融协会。

---

① 仅适用于消费金融公司，不包括从事消费金融业务的商业银行、电商平台等。

第二节　天津市互联网金融发展环境

一、监管政策密集落地

2017年被业内看作"史上最严"的金融监管年。年初以来，中央及地方各级金融监管部门开展的以防范金融风险、打击违法金融活动为主基调的监管工作力度持续加强，各项政策措施不断出台。据不完全统计，全年金融监管部门共出台的重要监管文件20余个，行政处罚2 700余件。从互联网金融领域看，P2P、股权众筹等业态的违法治理不断深化，"校园贷""现金贷"等业务被重点整顿，虚拟货币投机行为也被叫停。

2017年监管部门发布的有关互联网金融的重要文件主要有：

2017年1月13日，人民银行办公厅发布《关于实施支付机构客户备付金集中存管有关事项的通知》（银办发〔2017〕10号），决定对支付机构客户备付金实施集中存管，并规定了备付金的交存时间及比例。

2017年2月22日，银监会发布《网络借贷资金存管业务指引》（银监办发〔2017〕21号），明确了网贷资金存管业务的基本定义和原则、委托人和存管人开展网贷资金存管业务应具备的条件、网贷资金存管业务各方的职责义务、网贷资金存管业务的具体操作规则，以及具体落实的保障措施。

2017年5月27日，银监会、教育部、人力资源和社会保障部联合印发《关于进一步加强校园贷规范管理工作的通知》（银监发〔2017〕26号），着力从源头上治理乱象，防范和化解校园贷风险。该通知明确指出，未经银行业监管部门批准设立的机构不得进入校园为大学生提供信贷服务，要求现阶段一律暂停网贷机构开展在校大学生网贷业务，并明确退出时间表。

2017年6月30日，互联网金融风险专项整治工作领导小组办公室发布《关于对互联网平台与各类交易场所合作从事违法违规业务开展清理整顿的通知》（整治办函〔2017〕64号），对互联网平台与各类交易场所合作业务进行规范，要求在7月15日前停止互联网平台与各类交易场所合作开展涉嫌突破政策红线的违法违规业务的增量。

2017年8月4日，中国人民银行支付结算司发布《关于将非银行支付机构网络支付业务由直连模式迁移至网联平台处理的通知》（银支付〔2017〕209号），要求各银行和支付机构应于2017年10月15日前完成接入网联平台和业务迁移相关准备工作，自2018年6月30日起，支付机构受理的涉及银行账户的网络支付业务全部通过网联平台处理。

2017年8月23日，银监会办公厅发布《网络借贷信息中介机构业务活动信息披露指引》（银监办发〔2017〕113号）以下简称《信息披露指引》）。该指引及配套的《信息披露内容说明》主要明确了网络借贷信息中介业务活动中应当披露的具体事项、披露时间、披露频次及披露对象等，为参与网贷业务活动的各当事方进行信息披露提供了规范的标准和依据。《信息披露指引》的出台，标志着网贷行业"1+3"制度框架（《网络借贷信息中介机构业务活动管理暂行办法》《网络借贷信息中介机构备案登记管理指引》《网络借贷资金存管业务指引》《信息披露指引》）基本搭建完成，初步形成了较为完善的制度政策体系，真正做到监管有法可依、行业有章可循。

2017年9月，人民银行、中央网信办、工业和信息化部、国家工商总局、银监会、证监会、保监会联合发布《关于防范代币发行融资风险的公告》，将代币发行融资定性为"非法公开融资的行为"，叫停各类代币发行融资活动，要求已完成代币发行融资的组织和个人作出清退等安排。

2017年11月13日，人民银行办公厅发布《关于进一步加强无证经营支付业务整治工作的通知》（银办发〔2017〕217号）。该通知及配套的《无证机构的筛查重点、认定标准说明》《持证支付机构自查内容》对无证支付机构整治工作进行了部署，提出要加强无证机构整治，加大处罚力度，并全面检查持证机构为无证机构提供支付清算服务的违规行为。

2017年11月21日，互联网金融风险专项整治工作领导小组办公室发布《关于立即暂停批设网络小额贷款公司的通知》（整治办函〔2017〕138号），要求自2017年11月21日起，各级小额贷款公司监管部门一律不得新批设网络（互联网）小额贷款公司，禁止新增批小额贷款公司跨省（自治区、直辖市）开展小额贷款业务。

2017年12月1日，互联网金融风险专项整治工作领导小组办公室、P2P网贷风险专项整治工作领导小组办公室下发《关于规范整顿"现金贷"业务的通知》（整治办函〔2017〕141号），将现金贷业务纳入互联网金融专项整治范畴，统筹开展对现金贷业务的规范整顿工作。通知对"现金贷"的概念进行了界定，指出了现阶段"现金贷"存在的问题，并对潜在的金融风险和社会风险提出了警示。

2017年12月8日，P2P网贷风险专项整治工作领导小组办公室下发《关于印发小额贷款公司网络小额贷款业务风险专项整治实施方案的通知》（网贷整治办函〔2017〕56号），重点排查和整治网络小额贷款公司，涉及审批管理、经营资质、股权管理、融资端及资产端等11个方面，并要求在2018年1月底前完成摸底排查。

2017年12月8日，P2P网贷风险专项整治工作领导小组办公室下发《关于做好P2P网络借贷风险专项整治整改验收工作的通知》（网贷整治办函〔2017〕57号）。该通知对P2P整改验收阶段工作做了具体、详细的部署，要求各地在2018年4月底前完成辖内主要P2P机构的备案登记工作、6月底前全部完成；对债权转让、风险备付金、资金存管等关键性问题作出进一步的解释说明。

P2P机构业务相关管理规定见表1–3。

表1–3   P2P机构业务相关管理规定

业务/模式	监管要求	具体监管政策内容
首付贷	严禁	《互联网金融风险专项整治工作实施方案的通知》：严禁各类机构开展"首付贷"性质的业务。
校园贷	暂停	《关于进一步加强校园贷规范管理工作的通知》：一律暂停网贷机构开展在校大学生网贷业务。
现金贷	清理整顿	《关于规范整顿"现金贷"业务的通知》：P2P平台不得撮合或变相撮合不符合法律有关利率规定的借贷业务；禁止从借贷本金中先行扣除利息、手续费、管理费、保证金以及设定高额逾期利息、滞纳金、罚息等。
交易所合作	停止	《关于做好P2P网络借贷风险专项整治整改验收工作的通知》：对于与各类地方金融交易所进行合作的网贷机构，应当停止合作，存量合作业务逐步转让或清偿，最终于本次专项整治结束之前完成。
债权转让	具体问题具体分析	《关于做好P2P网络借贷风险专项整治整改验收工作的通知》： （1）合规：为解决流动性的低频转让。 （2）违规：开展类ABS或以打包资产、证券化资产、信托资产、基金份额等形式的债权转让行为；由网贷机构高管/关联人与借款人签订借款合同直接放款，再根据借款金额在平台放标，将债权转让给实际出借人的"超级放款人"模式的债权转让；以活期、定期理财产品的形式对接债权转让标的。以出借人所持债权作为抵（质）押，提供贷款。
风险备付金模式	禁止	《关于做好P2P网络借贷风险专项整治整改验收工作的通知》：禁止辖内机构继续提取、新增风险备付金，对于已经提取的风险备付金，应当逐步消化，压缩风险备付金规模。
线下营销	禁止	《关于做好P2P网络借贷风险专项整治整改验收工作的通知》：不得再在电子渠道以外的物理场所宣传/推介/项目。

资料来源：盈灿咨询（天津市互联网金融协会整理）。

2017年12月21日，人民银行发布《关于规范支付创新业务的通知》（银发〔2017〕281号），对支付机构的创新业务、市场竞争秩序、收单业务、代收业务、支付业务系统接口、跨行清算进行规范。

2017年12月25日，人民银行发布《条码支付业务规范（试行）》（银发〔2017〕296号），从业务和技术两个方面对条码支付进行了规范。业务方面，对业务资质、清算管理、市场公平竞争秩序、条码生成和受理、商户管理和风险管理提出要求。技术方面，对条码安全防护、条码支付交易安全强度、条码支付交易风险监测与预警、客户端软件安全管理提出要求。

2017年12月25日，人民银行办公厅发布《关于加强条码支付安全管理的通知》（银办发〔2017〕242号），作为《条码支付业务规范（试行）》的补充，配套《条码支付技术安全规范》《条码支付受理终端技术规范》，对条码支付提出更详细的安全要求。

2017年12月29日，人民银行办公厅发布《关于调整支付机构客户备付金集中交存比例的通知》（银办发〔2017〕248号），对备付金交存时间进行调整，并调高交存比例。

2017年，北京市、上海市、厦门市、广东省、深圳市、广西壮族自治区的地方金融办（局）已出台网络借贷信息中介机构备案相关实施细则，天津市的相关规则已于2018年3月向社会各方征求意见。

二、经济金融逐步转向高质量增长

（一）全国情况

2017年，我国经济运行稳中向好，经济社会发展主要预期目标全面实现，经济由高速增长逐步转向高质量增长。全年国内生产总值（GDP）827 122亿元，首次突破80万亿元大关，比上年增长6.9%（见图1-1）。其中，第一产业增加值65 468亿元，增长3.9%；第二产业增加值334 623亿元，增长6.1%；第三产业增加值427 032亿元，增长8.0%（见图1-2）。

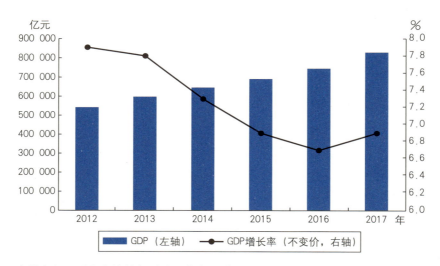

资料来源：国家统计局官网（天津市互联网金融协会整理）。

图1-1 2012—2017年中国经济增长情况

资料来源：国家统计局官网（天津市互联网金融协会整理）。

图1-2 2012—2017年中国经济增长按产业分类

2017年，金融业受去杠杆等因素影响，共实现增加值65 749亿元，同比增长4.5%，增速处于低位，金融业增加值占GDP的比重为7.95%，同比下降0.4个百分点（见图1-3）。

资料来源：国家统计局官网（天津市互联网金融协会整理）。

图1-3　2012—2017年中国金融业增长情况

2017年，国家继续实施稳健中性的货币政策，强监管下持续推进金融去杠杆，银行表内资产中的股权及其他投资、债券投资两项增速明显下降，广义货币供应量（M_2）余额167.7万亿元（见图1-4），增速创近年新低。从我国经济结构转变角度来看，M_2和经济增长的关联度也在发生变化，相对慢一些的M_2增速仍可支持经济平稳增长。

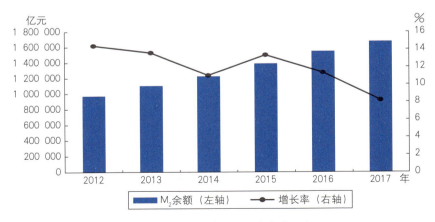

资料来源：人民银行官网（天津市互联网金融协会整理）。

图1-4　2012—2017年中国货币供应增长情况

　　2017年，我国社会消费品零售总额366 262亿元，比上年增长10.2%（见图1-5），消费对经济增长的贡献率为58.8%（见图1-6），连续4年成为拉动经济增长的第一驱动力，继续发挥着对经济增长的基础性作用。同时，消费结构加快升级，高品质商品和服务需求旺盛，消费市场地区不平衡状况也得到一定改善。

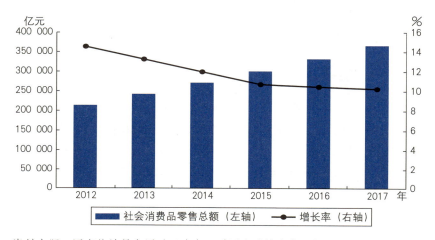

资料来源：国家统计局官网（天津市互联网金融协会整理）。

图1-5　2012—2017年中国消费增长情况

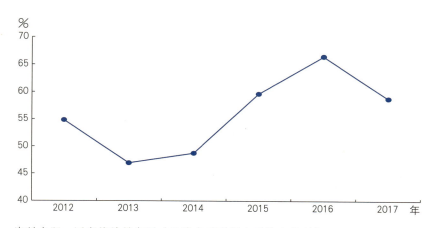

资料来源：国家统计局官网（天津市互联网金融协会整理）。

图1-6　2012—2017年中国消费对经济增长的贡献情况

（二）天津市情况

2017年，天津市完成地区生产总值18 595.38亿元（见图1-7），在全国338个重点城市中排在第6位，地区生产总值同比增长3.6%，低于全国增长率水平。

资料来源：天津市统计局官网（天津市互联网金融协会整理）。

图1-7　2012—2017年天津市经济增长情况

2017年，天津金融业增加值为1 952亿元，占GDP比重达到10.5%，同比增加0.8个百分点（见图1-8）。

资料来源：天津市统计局官网（天津市互联网金融协会整理）。

图1-8　2012—2017年天津市金融业增长情况

2017年，天津市社会消费品零售总额5 729.67亿元，人均36 802元，高于全国26 348元的人均水平；全年社会消费品零售总额同比增长1.7%（见图1-9），远低于全国10.2%的增长率水平。消费结构不断优化升级，享受型消费增长较快，体育娱乐用品、家具、化妆品和金银珠宝零售额分别增长85.7%、47.8%、14.8%和9.6%。

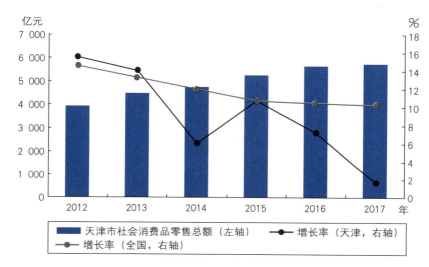

资料来源：天津市统计局官网（天津市互联网金融协会整理）。

图1-9　2012—2017年天津市消费增长情况

三、社会信用体系建设持续推进

（一）信息保护立法加快推进

2017年6月1日，第十二届全国人民代表大会常务委员会第二十四次会议通过的《中华人民共和国网络安全法》正式施行。该法明确了网络空间主权的原则、网络产品和服务提供者及网络运营者的安全义务，进一步完善了个人信息保护规则，建立了关键信息基础设施安全保护制度和关键信息基础设施重要数据跨境传输的规则。

2017年6月1日，最高人民法院、最高人民检察院联合发布的

《关于办理侵犯公民个人信息刑事案件适用法律若干问题的解释》（法释〔2017〕10号）开始施行。该文件对侵犯公民个人信息犯罪的定罪量刑标准和有关法律适用问题做了全面、系统的规定。

2017年12月1日，中国人民银行征信管理局下发了特急文件《关于开展金融信用信息基础数据库接入机构征信信息泄露风险自查的通知》（银征〔2017〕14号），要求人民银行各分支机构组织开展人民银行分支行征信查询和金融信用信息数据库接入机构征信信息泄露风险自查工作。

（二）个人征信体系建设再次提速

截至2017年末，中国人民银行个人征信系统累计覆盖近10亿自然人，其中仅有不足5亿人有信贷记录，占比仅为50%（见图1-10）。相比传统机构，互联网金融机构的用户群体呈现长尾特征，该类人群的征信覆盖率低，信息不对称将衍生出多头借贷、超高利率以及暴力催收等问题。

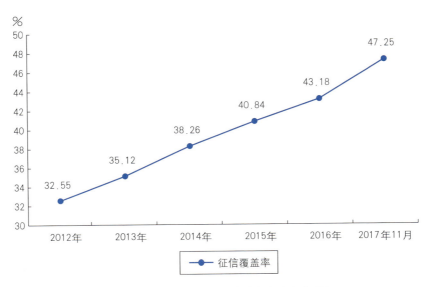

资料来源：各期《中国征信》（天津市互联网金融协会整理）。

图1-10 人民银行征信中心人群覆盖情况

为解决我国信贷业务创新需求与个人征信体系不健全的矛盾，人民银行在2015年初即印发了《关于做好个人征信业务准备工作的通知》，要求芝麻信用、腾讯征信等8家机构做好个人征信业务试点工作。

2017年11月，由中国互联网金融协会牵头，与8家个人征信试点机构共同发起设立个人征信机构，于2018年初获得人民银行批准并被正式命名为"百行征信"。

百行征信的出现，有望整合互联网金融行业散乱零碎的征信数据，使我国个人征信体系建设进一步提速，从而打破信息不对称壁垒，有效解决多头借贷、骗贷等系列乱象，净化投资环境，降低征信成本，助推互联网金融行业健康发展。

四、京津冀协同发展成效初显

2015年4月30日，中共中央政治局审议通过了《京津冀协同发展规划纲要》，京津冀协同发展上升为重大国家战略，其核心内容就是推进产业升级转移，推动公共服务共建共享，加快市场一体化进程，打造现代化新型首都圈，努力形成京津冀目标同向、措施一体、优势互补、互利共赢的协同发展新格局。

京津冀协同发展战略赋予天津"一基地三区"的战略定位，其中之一就是"金融创新运营示范区"。在这一战略引领下，天津市坚持大金融发展理念，围绕供给侧结构性改革，推进京津冀金融协同发展和自贸试验区框架下的金融开放创新，积极创新传统金融，大力发展新型金融，着力做大做强要素市场和运营平台，助推金融聚集效应不断增强、服务领域不断拓宽、服务质量和效率不断提升。

近年来，京津冀三地本着优势互补、互利共赢原则，在政策引导、产业布局、环境保护、金融服务、综合交通体系等方面的协同协作取得了显著成效。特别是天津市作为国家中心城市和京津冀区域核心城市，积极围绕京津冀协同发展战略，着力构建以滨海新区战略合作功能区为综合承载平台、宝坻中关村科技城等若干专业承载平台为框架的"1+16"承接格局，在推进京津冀三地产业合作方面成果重大。其中，滨海—中关村科技园自揭牌以来新增注册企业451余家，百度创新中心、京东云创空间、深之蓝等一批北京重点项目落地；天津市与中国航天科工集团签署战略合作框架协议，共同推动工业互联网、云制造、智能制造等领域加快发展；京津共同组织软件和信息服务业、汽车产业重点企业和园区搭建产业协同发展平台；天津医药集团与沧州渤海新区共同筹建天津·沧州渤海新区生物医药产业园，天士力集团在河北安国建设"数字中药都"，推进津冀医药产业对接合作；产业升级转移重大项目加快建设，空客A320累计交付352架，A330完成和交付中心正式启用；滨海新区中欧先进制造产业园规划建设加快推进，引进了中欧区域经济合作中心滨海新区分中心、中国—乌克兰巴顿焊接研究院、中德（欧）医疗器械及健康产业园等一批中欧合作项目。

2018年5月17日，北京市金融工作局与天津市金融工作局、河北省金融工作办公室共同签署了《京津冀三地金融局（办）合作框架协议》。未来三地将围绕服务实体经济、防控金融风险、深化金融改革三项任务，结合京津冀区域整体功能定位和三地功能定位，加强统筹协同，在多个方面深入展开合作，主要包括：加强信息共享和人才交流；发挥市场资源配置作用；推进金融市场一体化改革，推动多层次资本市场建设；加快推进科技金融发展，完善科技创新投融资体系；落实银行间市场助推京津冀协同发展合作协议，鼓励三地企业直接融资；利用天津自贸试验区制度创新优势，探索开展京津冀金融改革创新试验；加强地方金融监管协作，共同维护区域金融安全稳定等。

五、普惠金融成为国家级发展战略

2016年1月，国务院发布《推进普惠金融发展规划（2016—2020年）》，首次从国家层面确立普惠金融的实施战略，为全国普惠金融发展确定总体方向。该规划明确指出要创新金融产品和服务手段，积极引导各类普惠金融服务主体借助互联网等现代信息技术手段，降低金融交易成本，延伸服务半径，拓展普惠金融服务的广度和深度。规划还提出，要发挥互联网促进普惠金融发展的有益作用；积极鼓励网络支付机构服务电子商务发展，为社会提供小额、快捷、便民支付服务，提升支付效率；发挥网络借贷平台融资便捷、对象广泛的特点，引导其缓解小微企业、农户和各类低收入人群的融资难问题；发挥股权众筹融资平台对大众创业、万众创新的支持作用；发挥网络金融产品销售平台门槛低、变现快的特点，满足各消费群体多层次的投资理财需求。

互联网金融在实现普惠金融方面具有明显优势。第一，互联网金融能够实现更低的交易成本，更贴近普惠金融的本质属性。成本的降低将会催生长尾市场，而长尾市场本身就意味着更大的、更具普遍性的客户群。第二，互联网金融打破了地域局限，覆盖范围更广，提高了金融服务的可获得性，降低了金融服务的地区差距、城乡差距。第三，互联网金融结合线下支付、电商平台等消费场景，与人们的日常生活结合紧密，能够满足不同人群的多元化金融需求，更易于被人们接受。

2017年1月4日，天津市金融工作局拟订了《天津市普惠金融发展实施方案》，提出了天津市普惠金融发展思路及预期目标。该方案提出要促进互联网金融组织规范健康发展，严格执行行业准入标准和从业行为规范，建立信息披露制度。方案还提出，要创新金融产品和服务：鼓励各类金融机构利用互联网技术为"三农"发展提供多样化金融产品和服务；鼓励开展与互联网金融发展相适应的保险产品、营销、服务创新，培育互联网保险新业态；鼓励发展互联网支付、移动支付等方式，积极引导第三方支付机构发挥高效、便捷的特点，与有关金融机构合作为小微企业开展跨境结算、电子支付等提供支持。

第三节　天津市互联网金融发展总体情况

近年来，借助良好的政策环境和产业环境，天津互联网金融行业实现了快速发展，互联网金融产业集群已粗具规模，滨海新区云集了国家超级计算天津中心、腾讯数码、搜狐视频、58同城、惠普等一批大数据、云计算行业的领先企业，为互联网金融发展提供了技术支撑。同时，天津还吸引了国美、京东、易生、中海创集团、日本TIS等大型商贸、电子商务及市场营销企业，建立了京津冀地区首家互联网金融领域的创业创新孵化基地。

互联网金融风险分析技术平台监测数据显示，截至2017年末，天津市正常运行的互联网金融平台有417家，约为2016年末的3.4倍，但与北京、上海相比仍差距悬殊，正常运营平台数量不足北京、上海的十分之一。相比北京、上海等城市，天津互联网金融从业机构规模普遍较小，缺少领军企业，整体实力较弱，在全国范围的行业影响力有限。

天津市互联网金融行业的业务范围涵盖互联网支付、P2P网络借贷、互联网直销银行、互联网证券、互联网基金销售和互联网消费金融几个主要业态门类，不同业态的发展情况呈现分化态势。

一、互联网支付

2017年，天津市互联网支付市场继续保持快速增长态势，法人支付机构网上支付业务笔数7 848.04万笔，同比增长306.35%，较

2016年增速增加297.17个百分点；网上支付交易总额为4 340.91亿元，同比增长230.12%，较2016年增速增加166.64个百分点。

二、P2P网络借贷

截至2017年末，天津市共有33家P2P网络借贷平台，正常运营的平台11家。全年累计交易额89.45亿元，同比增长47.17%，年末贷款余额25.26亿元，同比增长16.2%。全年累计借款人和出借人数量分别达到4.78万人和21万人，同比分别增长35%和65.4%；投资者平均收益率10.6%，同比下降0.74个百分点；借款人融资平均利率13.49%，同比下降0.59个百分点；借款人平均贷款期限138天，同比减少2.7天；出借人平均出借期限101天，同比增加1.5天。

三、互联网直销银行

截至2017年末，天津市辖内已有渤海银行、天津银行、天津农商银行三家法人银行机构开展直销银行业务。三家银行采取了各异的互联网直销银行业务模式：渤海银行直销银行提供的服务包括存款、货币基金、理财、直销基金、保险等产品；天津农商银行运营的"吉祥生活"APP提供包括理财类和存款类产品的类互联网直销银行服务；天津银行组建了独立运营的直销银行经营团队与深圳微众银行合作开展"微粒通"联合贷款业务。

四、互联网证券

注册在天津市的证券公司仅渤海证券1家。2017年，渤海证券总开户数16 338户，其中网上开户数13 092户，占比约80%；网上交易金额约为5 942亿元，同比下降26.2%；移动端交易金额约为2 186亿元，同比下降11%；移动端交易金额占网上交易总额的37%，较上年提高了6个百分点；在线股权质押贷款规模约5 276万元，同比增加433万元；互联网金融商城累计销售金融产品1.45亿元，同比下降28.6%。

五、互联网基金销售

注册在天津市的公募基金管理公司仅天弘基金1家。截至2017年末，该公司资产管理规模超过2.07万亿元，其中管理公募资产规模达17 893亿元，累计用户数超过3亿户，是国内公募规模最大、客户数最多的基金公司。2017年，该公司网上开户数、互联网基金销售额均实现了同比大幅增长，公司累计实现营业收入953 584.47万元、实现净利润264 952.59万元。

六、互联网消费金融

2017年，天津市互联网消费金融市场继续保持快速发展态势，用户数量、贷款规模都实现了较快增长。以天津市某样本公司为例，该公司2017年新增客户总数超过59万户，新增贷款金额达9.52亿元；其客户群主要以21~30岁、男性为主，贷款主要用于日常用品、家用电器和手机的消费。

第四节　天津市互联网金融的发展趋势与展望

一、总体发展趋势

（一）依法合规运营成为永恒发展主题

自从2016年4月国务院办公厅印发《互联网金融风险专项整治工作实施方案》以来，关于互联网金融的各类监管措施不断出台，监管政策不断细化，互联网金融市场的违法违规现象得到有效遏制。按照国家的政策导向，未来一段时间，关于互联网金融的法律法规体系将不断完善，监管体制将更加健全，依法合规将成为互联网金融的最基本要求。

（二）服务实体经济的能力将不断增强

依托实体经济、服务实体经济是金融的本源属性。互联网金融借助移动互联、云计算和大数据等技术，具有低门槛、低成本、高效率、广覆盖的特征，更符合社会大众对于普惠金融的需求特征。在互联网金融运营不断趋于规范的大背景下，天津市互联网金融从业机构将充分利用自身优势，深度开发长尾人群，不断提高对实体经济和弱势群体的服务水平。

（三）云计算等新兴技术应用更加广泛

技术驱动是互联网金融的本质特征。随着互联网金融市场逐步进入成熟阶段，市场套利空间不断减少，互联网金融产品、服务的竞争本源上来自技术的竞争。出于提升产品竞争力、实施差别化服务、提升服务效率角度考虑，天津市互联网金融从业机构将更倾向于加快新技术的应用，人工智能、物联网、区块链、分布式记账、生物识别等新技术将逐步得到推广并创新应用。此外，天津市互联网金融协会正在探索搭建天津互联网金融云服务平台，以期在促进信息共享共用、完善信用评价、优化风控管理、推广智能金服等方面为互联网金融发展提供更多技术支撑。

（四）金融消费者权益保护问题更受关注

加强金融消费者权益保护工作是推进社会主义和谐社会建设的需要，更是促进金融行业持续健康发展的重中之重。近年来，国家各级各部门对金融消费者权益保护工作高度重视，出台了一系列政策、措施，并探索开展了多种形式的消费者权益保护机制，宣传引导工作也在持续进行。今后，金融消费者权益保护问题将更受关注，强化金融消费者权益保护也将成为天津市互联网金融从业机构需要面对的重要课题。

（五）京津冀金融一体化特征将更加明显

随着京津冀协同发展的不断深化，三地金融一体化特征将更加明显。北京的金融总部优势、天津的金融创新运营示范效应、河北的金融后台服务作用将逐步显现，三地金融机构在技术、服务等领域的交流合作更加常态化，这将为天津市互联网金融从业机构的技术、服务和产品创新提供更多支持。此外，三地产业转移和项目合作也将为互联网金融发展提供更加广阔的市场空间。

二、具体业态发展趋势

（一）互联网支付

支付宝、微信两大巨头垄断市场的局面在短期之内难以改变，天津本地支付机构规模偏小、市场占有率不高，面临的市场压力持续增大，亟须开发特色性产品和服务实施差异化竞争。随着市场监管要求和风控管理的更趋严格，机构运营规范化程度将继续提高，众多新兴技术手段将被不断应用到产品研发和风控领域。

（二）P2P网络借贷

随着监管政策体系不断完善，P2P机构的市场套利空间不断减少，在严格的监管框架下运作成为其面临的首要问题。天津市本地P2P机构数量少、规模小，市场竞争力不足，互联网金融风险专项整治工作完成后，通过备案的机构将积极采取措施在依法合规前提下扩大经营规模、提升市场占有率，依托实体经济、专注服务小微企业将是P2P机构拓展市场的主要方向。

（三）互联网直销银行

短平快的业务优势让直销银行业务发展迅速，也成为传统银行业机构占领互联网金融市场的主要竞争领域。随着大数据、云计算等新技术的普及，将有越来越多的银行业机构涉足直销银行业务，天津本地直销银行面临的竞争也更趋激励。各机构将积极运用新技术，着力开发具有本土属性的特色化直销银行产品，不断提高产品的市场竞争力，拓展利润空间。

（四）互联网证券

天津市互联网证券总体规模不大，在业务创新和市场拓展方面也不占优势，加快产品创新、扩大经营规模将是其面临的主要课题。在国家政策和市场需求引导下，天津市证券机构未来将更加注重风控管理，并积极围绕提升用户体验创新产品和服务，更多智能化的金融技术手段将被广泛应用于产品研发等领域。

（五）互联网基金销售

监管部门涉及基金业务规则、投资者适当性保护、信息技术安全的监管措施不断完善，互联网基金销售业务面临日趋严格的合规要求。基金公司未来将严格围绕国家政策要求，在有效防控风险前提下大力创新基金产品、改进服务手段，在提升客户体验的同时，提高产品的市场竞争力。

（六）互联网消费金融

作为最受消费者关注的互联网金融运营模式，天津市互联网消费金融的整体运营状况将继续保持较快增长态势，但业务竞争也更加激烈。加强与网络电商和线下销售企业的多渠道合作成为互联网消费金融占领市场的主要方式；同时，个人征信体系的不断完善、大数据信息的综合化运用将有助于互联网消费金融拓展长尾市场。

第二章
互联网支付

- 天津市互联网支付发展情况
- 天津市互联网支付面临的主要问题和挑战
- 天津市互联网支付的发展趋势与展望

全国情况 >>>

　　根据中国人民银行发布的《2017年支付体系运行总体情况》，2017年，全国网上支付交易笔数为3 353.25亿笔，同比增长59.6%，与上年增速基本持平；网上支付交易总金额为2 218.35万亿元，同比增长1.6%，增速有所放缓。

　　2017年，银行业金融机构网上支付交易笔数为485.78亿笔，同比增长5.20%；交易金额为2 075.09万亿元，同比下降0.47%。非银行支付机构网上支付交易笔数为2 867.47亿笔，同比增长74.95%；交易金额为143.26万亿元，同比增长44.32%。非银行支付机构网上支付交易笔数、交易金额分别占全部网上支付交易总量的85.5%和6.5%，呈现单笔额度小、交易频繁的特点。

第一节　天津市互联网支付发展情况

　　2017年，天津市辖内法人支付机构网上支付交易笔数为7 848.04万笔（见图2-1），同比增长306.35%，较2016年增速上升297.17个百分点；2017年新增交易笔数为5 916.69万笔，较2016年多增5 754.35万笔。

　　同期，法人支付机构网上支付交易总额为4 340.91亿元，同比增长230.12%，较2016年增速上升166.64个百分点；2017年新增交易额为3 025.95亿元，较2016年多增2 515.33亿元。

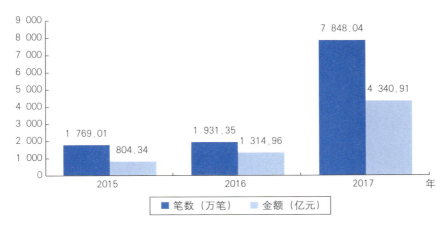

资料来源：《天津市互联网金融发展报告（2018）》编委会整理。

图2-1　天津市辖内法人支付机构网上支付交易情况

第二节　天津市互联网支付面临的主要问题和挑战

一、中小型支付机构市场拓展难度大

目前，支付宝、财付通等支付机构利用自行搭建的结算平台，在市场发展中取得了渠道优势和成本优势，产生了支付行业的"马太效应"，造就了支付宝、财付通两家独大的寡头格局，市场垄断程度高，给其他支付机构留下的市场空间有限。截至2017年10月末，我国共有持证支付机构238家，其中200多家持牌支付机构经营惨淡，支付机构结算平台差异较大，中小型支付机构难以与大型支付机构开展竞争。从天津本地看，中小型支付机构在市场拓展中也同样面临着极大的竞争压力。

二、收单市场定价机制不统一

目前，银行卡收单业务费率实行政府指导定价，而支付宝、微

信推广的二维码扫码支付费率实行市场定价（根据市场调查）。费率改革后两种交易方式的费差扩大，收单机构、外包服务商积极拓展二维码支付业务，促使小额交易转向通过扫码支付方式处理。

人民银行天津分行对16家本市规模较大超市进行实地调研，其中支持微信支付的15家，开通率为93.75%；支持支付宝支付的13家，开通率为81.25%。2017年上半年，16家商户非现金支付交易中，银行卡线下收单交易金额占比为59.72%，微信支付交易金额占比为26.74%，支付宝支付交易金额占比为13.54%（见图2-2）。

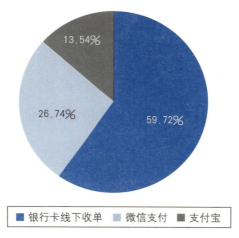

资料来源：《天津市互联网金融发展报告（2018）》编委会整理。

图2-2　2017年上半年样本机构各收单渠道交易占比情况

三、收单外包模式造成支付风险上升

国家发展改革委、中国人民银行发布的《关于完善银行卡刷卡手续费定价机制的通知》（发改价格〔2016〕557号）实施后，银行卡收单费率透明化。从市场影响看，特约商户、消费者、发卡银行、银联均能从中受益。

由于银行卡收单环节技术含量低、可替代性强，市场中收单机

构众多，属于完全竞争行业，手续费新政对银行卡收单环节服务费采用完全市场化定价机制，市场竞争进一步加剧，收单环节服务费空间大幅压缩。收单支付机构为匹配收入和成本，降低人工成本支出，加速采用收益分成式外包模式进行业务拓展。

调查显示，目前天津市23家收单类支付机构中，仅有银联商务、通联支付2家机构完全采用直营模式，存在外包模式逆向淘汰直营模式的劣币驱逐良币的现象，并导致商户入网质量下降、风险上升。

第三节　天津市互联网支付的发展趋势与展望

一、支付监管制度体系趋于完备

近年来，人民银行出台了一系列支付监管制度。账户管理方面，改革个人账户制度，实施分类管理；出台网络支付管理办法，对支付账户也实施分类管理。银行卡清算方面，改革信用卡定价机制，多维度推动银行卡产业发展。支付机构管理方面，推动非银行支付机构分类评级管理，强化支付牌照监管，2017年共注销牌照4个，合并牌照10个，牌照不与续展的19个；确立备付金账户集中存管模式，建立"双随机"检查机制，促进支付机构增强合规意识。条码支付方面，制定实施条码支付业务规范，加强条码支付业务管理。社会监督方面，发布支付结算违法违规行为举报奖励办法，构建支付违规行为的社会监督机制。这一系列制度的建立，标志着支付领域"四梁八柱"式的顶层设计基本完成，支付领域有法可依、执法必严、违法必究的工作格局逐步建立。

二、支付服务基础设施更加完善

2016年，人民银行本着"共建、共有、共享"理念启动了支付机构网络支付清算平台（以下简称网联）建设。2017 年10月15日前，各银行和支付机构分批接入了网联平台。网联作为基础性公共服务设施，有利于畅通支付机构业务处理通道、降低处理成本；同时，实现了支付机构业务资金清算的透明化，提高了金融监管的有效性。

三、支付市场环境更加公平有序

按照党中央、国务院要求，人民银行会同多部委陆续开展了互联网金融风险专项整治、无证支付业务专项整治、打击治理电信网络新型违法犯罪、整治非法买卖银行卡信息等系列专项行动；最高人民检察院明确了非法经营支付结算行为的认定标准，国务院也出台了《无证无照经营查处办法》，为依法查处无证经营支付业务行为提供了依据。系列整治行动取得了明显成效。一是有效遏制了电信诈骗多发势头。2017年，仅天津市就冻结账户922户，冻结资金1 039.57万元；成功拦截电信诈骗48 起，涉及金额183.96万元。二是严厉查处了一批无证经营支付业务的机构，市场乱象得到有效整治。

四、支付领域的技术和产品创新更具规模

一是以扫码支付、云闪付为代表的移动支付业务快速推广，逐渐成为公众日常消费的重要支付方式，也为跨境支付业务开辟了新的增长点。二是收单市场竞争加剧，银行卡收单机构积极开展服务创新，纷纷推出了T+0、D+0业务（即时到账业务）。三是区块链、分布式记账、生物识别等前沿技术在支付领域加快研究和应用，数字货币从研究逐步走向实践，将深刻改变支付市场的竞争格局。

第三章
P2P网络借贷

- 天津市P2P网络借贷发展情况
- 天津市P2P网络借贷面临的主要问题与挑战
- 天津市P2P网络借贷的发展趋势与展望

全国情况 >>>

据第三方统计机构数据，2017年，全国P2P网络借贷行业运营平台数量降幅显著。截至2017年末，全国正常运营的P2P网络借贷平台数量共2 649家，较上年同期减少1 037家，降幅28%。

2017年，全国P2P网络借贷成交额为38 952.35亿元，较上年增加10 902.97亿元，增长38.87%；年末贷款余额为17 214.06亿元，同比增长42.83%。

2017年，全行业平均收益率约8.57%，比上年降低0.49个百分点；平均借款期限为8.19个月，比上年延长1.71个月；日均参与人数68.21万人，比上年增长48.73%。

第一节　天津市P2P网络借贷发展情况

一、平台数量大幅下降，成交量及参与人数仍稳步增长

随着国家互联网金融风险专项整治工作的逐步推进，P2P网络借贷行业无序竞争格局被打破，市场面临出清。天津市P2P网络借贷行业运营平台数量下降幅度较大，正常运营的平台数量由2017年初的33家减少到11家，降幅66.7%。全年累计交易总额为89.45亿元，比上年增加28.67亿元，网络借贷行业交易规模连续三年增长；年末贷款余额为25.26亿元，比上年末增加3.52亿元，增长16.2%；累计借款人数量和出借人数量分别达到4.78万人、21万人，比上年末分别增长35%、65.4%（见图3-1）。

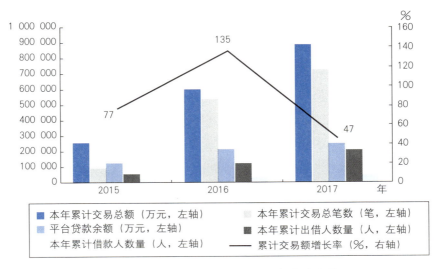

资料来源：《天津市互联网金融发展报告（2018）》编委会整理。

图3-1 近三年P2P网络借贷行业交易变化情况

二、小额、分散、专注的行业特点进一步突出

2017年，天津市P2P网络借贷行业借款人平均借款金额继续下降，年末借款人平均借款金额30.37万元，比上年末降低17%。2015—2016年，行业单笔最大个人和企业贷款分别为1 500万元、1 000万元；2017年，各机构主动适应网络借贷行业监管规则对单笔贷款的限额要求，绝大部分贷款额度逐步降低到20万元、100万元。2017年末，天津市P2P网络借贷行业出借人平均出借金额7.4万元，较上年末提高0.8万元，出借金额变化较平稳。部分网络借贷平台专注于小微、"三农"、消费金融等传统金融难以覆盖的领域，开发特色金融产品和服务，增加普惠金融服务水平。

三、行业平均收益率持续下降

2017年，天津市P2P网络借贷行业投资者平均收益率为10.6%，

同比下降0.74个百分点；借款人融资平均利率为13.49%（见图3-2），同比下降0.59个百分点。受互联网金融风险专项整治及网络借贷行业监管规则的影响，部分收益率高企的平台或下调收益率或选择退出行业，而收益率适中且运行稳定的平台逐渐成为行业主流。

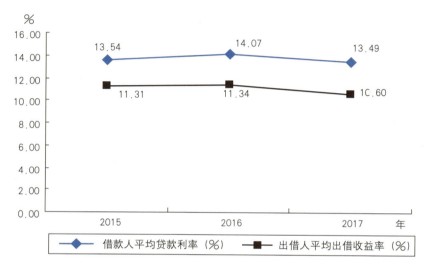

资料来源：《天津市互联网金融发展报告（2018）》编委会整理。

图3-2　借款人融资成本、投资者收益趋势变化

四、借款期限略有降低，"短、平、快"特点更加明显

由于P2P网络借贷具有贷款金额小、期限短、审批快、提现灵活的优势，很大程度上满足了借款人对短期、小额流动性资金的需求。2017年，天津市P2P网络借贷行业借款期限呈现"短、平、快"的特点，借款人平均借款期限138天，较上年减少2.7天；出借人平均出借期限101天，较上年增加1.5天（见图3-3）。

资料来源：《天津市互联网金融发展报告（2018）》编委会整理。

图3-3　投融资期限变化趋势

五、借款用途较为集中，主要分布在个体户、企业经营以及个人消费性需求

　　2017年，天津市P2P网络借贷行业借款按用途划分，分别为农户贷31.51亿元，占比为35.2%；企业流动性资金贷款25.2亿元，占比为28.2%；汽车贷款11.49亿元，占比为12.8%；住房抵押贷款5.54亿元，占比为6.2%；个人消费贷款3.53亿元，占比为3.9%；其他贷款12.18亿元，占比为13.7%（见图3-4）。

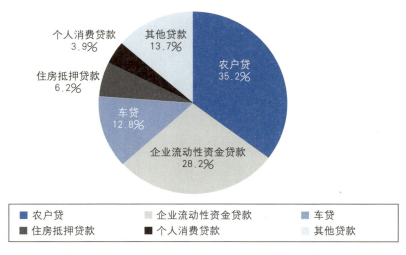

资料来源：《天津市互联网金融发展报告（2018）》编委会整理。

图3-4 按借款用途分类统计分布

六、机构资本实力有所提升，经营效益偏低但有所好转

2017年，天津市P2P网络借贷行业整体资本实力有所提升，平均注册资本4 738万元，比上年增加709万元；从业人员数量525人，比上年增加112人。行业发展初期，受前期技术设施不完善、人力资源投入成本较高、行业平均利差偏薄以及不良率偏高等因素影响，天津市P2P网络借贷行业经营压力虽有所缓解，但行业经营效益尚未显现。2017年，天津市网络借贷机构平均利润-72万元，比上年增加152万元。

第二节 天津市P2P网络借贷面临的主要问题与挑战

一、合规整改成为网络借贷行业面临的首要挑战

目前，网络借贷行业已建立起了"1+3"的制度框架（一个办

法三个指引：具体为《网络借贷信息中介机构业务活动管理暂行办法》和《网络借贷资金存管业务指引》《网络借贷信息中介机构业务活动信息披露指引》《网络借贷信息中介机构备案登记管理指引》），标志着互联网金融行业进入"有法可依"的时代。中国互联网金融协会制定的T/NIFA 1—2016《互联网金融信息披露个体网络借贷》标准和《中国互联网金融协会信息披露自律管理规范》也为行业进一步规范发展创造了条件。

在P2P监管体系中，中国银监会负责制定政策，各省（直辖市、自治区）地方金融管理部门负责机构监管和风险处置，"类双峰"的监管体系初步建成。2016年4月开始的互联网金融风险专项整治工作已经推进到整改验收的关键时期，网络借贷机构能否按照"1+3"的制度框架对业务模式、借款限额管理、资金存管、风险管理、履行对出借人和借款人的保护义务、信息披露等方面进行有效整改，成为网络借贷机构面临的生死考验。

二、多数网络借贷机构风控管理机制尚不健全

P2P网络借贷尚处于行业的起步阶段，各机构内控控制体系仍不够严密，多数机构在业务部门的独立性、职能分工的清晰性、会计控制体系的完整性、授权审批制度的衔接性、业务集合制度的合理性以及员工管理制度的有效性方面难以达到风控管理制度要求，采用的风险管理手段也过于简单、零散，缺乏系统、科学的风险监测、预警和处置方法。以天津市P2P机构为例，目前大部分网络借贷平台的风险控制手段仅仅停留在线下征信、引入第三方担保机制、提取风险金等相对单一的措施，缺乏量化指标体系和动态评估系统，难以有效控制运营风险。

三、核心业务操作系统的可靠性不足

天津市P2P网络借贷机构多为小规模机构，自身资金实力和技术实力有限，核心系统建设和后勤运行维护多采取服务外包方式，系统运行的稳定性、突发问题响应的及时性、技术更新升级的衔接性及安全防火墙配置等级等与大型机构的业务系统相去甚远，容易遭受病毒和不法分子入侵，造成客户信息泄露和资金损失。

四、网络借贷行业信用体系尚不健全

目前，网络借贷行业尚未建立统一的信息查询和审核系统，各网络借贷平台借贷信息无法互通，容易发生一人多贷、骗贷等情况。按照《征信业管理条例》要求，中国人民银行已将小额贷款公司与融资性担保公司纳入其征信系统的监管对象中，但P2P网络借贷机构并未被纳入监管范畴，网络借贷行业的信用体系建设仍需加快推进。

第三节　天津市P2P网络借贷的发展趋势与展望

服务实体经济是对金融的根本要求，而P2P服务于实体经济的能力和效率成为未来发展的核心竞争力。随着行业标准和规范逐步明确，未来P2P网络借贷行业将面临新一轮洗牌，平台数量将会大幅减少，一些优质平台将会脱颖而出。

一、监管规则和标准进一步明确，行业发展趋于规范

当前，中央和地方两级监管制度框架体系及行业自律管理体系正在逐步完善，网络借贷备案登记、机构监管、风险处置以及日常行为监管等措施也在不断细化，覆盖全业态、全生命周期的互联网

金融监测指标体系陆续实施，行业管理水平进一步提高，网络借贷机构合规发展成为大势所趋。

二、小微、"三农"、供应链金融等特定领域更受关注

在强监管环境下，"校园贷""现金贷"等业务相继被严厉整顿，大额超标业务逐步清理，P2P行业在资产端"小额分散"的定位愈加明晰。未来一段时期，传统热门的消费金融、汽车贷款将继续获得稳定发展，"三农"、小微、供应链金融等也将成为行业重点关注领域。

三、保险等第三方担保将逐步成为主要保障方式

《关于做好P2P网络借贷风险专项整治整改验收工作的通知》指出，风险备付金与P2P的信息中介定位不符，应当禁止继续提取、新增风险备付金，对于存量则需逐步消化、压缩备付金规模。未来，网络借贷平台将会积极寻求履约保证保险、第三方担保等方式来保障投资人的利益。正式备案之后，履约保证保险等第三方机构的态度也将转为积极，从而成为P2P网络借贷平台保障投资人利益的主流模式。

四、征信基础设施的不断完善为行业发展提供支撑

2017年11月，由中国互联网金融协会与8家个人征信机构共同发起的个人征信机构——百行征信正式设立，该机构的运行将为网络借贷行业提供征信数据支持。同时，一些P2P网络借贷平台已与第三方征信机构开展合作，着力打破信息孤岛。未来，各类面向借款人的评分模型、反欺诈算法等智能风控与征信数据共享措施将进一步得到扩展，网络借贷机构有望从贷前、贷中、贷后全流程实现对网络借贷的风险管控。

第四章
互联网直销银行

- 天津市互联网直销银行发展情况
- 天津市互联网直销银行面临的主要问题与挑战
- 天津市互联网直销银行的发展趋势与展望

全国情况 >>>

2017年，我国互联网直销银行继续保持了快速发展的态势。在国家政策引导和金融科技快速发展的驱动下，直销银行的机构数量、客户数量、产品类型、业务规模等均出现较快增长。

截至2017年末，我国直销银行数量已达114家。其中，城商银行是直销银行的主力军，目前共有69家城商银行直销银行上线运营，农商银行或农信社直销银行共有30家，全国性股份制银行直销银行达到11家，其他直销银行（包括大型国有商业银行、民营银行和外资银行等旗下直销银行）共4家。

第一节　天津市互联网直销银行发展情况

截至2017年末，天津市辖内已有渤海银行、天津银行、天津农商银行三家法人银行机构开展了直销银行相关业务，根据银行自身经营特点和市场客户需求，三家银行采取了各异的互联网直销银行业务模式。

一、渤海银行直接发起设立专营互联网直销银行

2015年4月20日，渤海银行发起设立天津第一家互联网直销银行。截至目前，渤海银行直销银行提供的产品和服务包括存款、货币基金、理财、直销基金、保险等。

2017年，渤海银行直销银行注册用户数从1月末的79 994人上升到12月末的114 146人，增长42.7%；活跃用户从1月的3 800人上升到12月的23 013人，增长505.6%（见图4-1）。注册用户数增加反映出渤海银行直销银行的受关注度持续提高，活跃用户数增加表明直销

银行的使用率①也在稳步提升，更多的客户开始接受并在直销银行购买相关产品。

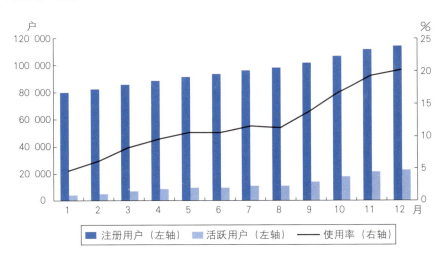

资料来源：《天津市互联网金融发展报告（2018）》编委会整理。

图4-1　2017年渤海银行直销银行注册用户数和活跃用户数

2017年，渤海银行直销银行的定期存款和活期存款规模总体上呈波动态势，且定期存款占比较少（见图4-2）。理财产品余额由1月末的2 363万元增长到12月末的510 611万元，增长了215倍（见图4-3）。

_____

① 直销银行的使用率为活跃用户在注册用户中所占的比例。

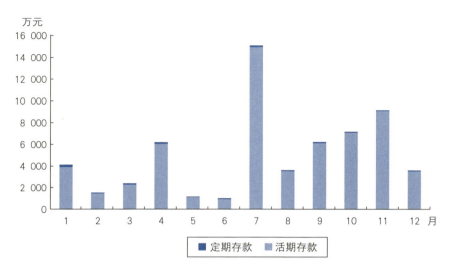

资料来源：《天津市互联网金融发展报告（2018）》编委会整理。

图4-2 2017年渤海银行存款规模

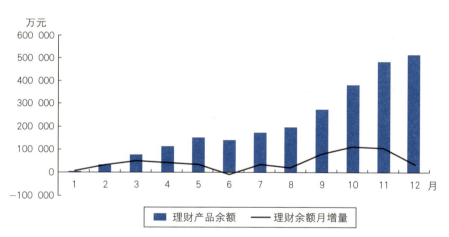

资料来源：《天津市互联网金融发展报告（2018）》编委会整理。

图4-3 2017年渤海银行理财产品余额

二、天津农商银行探索试营类互联网直销银行业务

2016年5月，天津农商银行开发并上线运营了"吉祥生

活"APP。"吉祥生活"是一款一站式生活服务平台，可以为客户提供话费充值、有线电视缴费、缴纳交通罚款等常用生活缴费服务。同时，"吉祥生活"还提供包括理财类和存款类产品的类互联网直销银行服务。

2017年，"吉祥生活"APP注册用户数从1月末的253 340人增加到12月末的832 020人，增长228.4%；活跃用户从1月末的91 712人上升到12月末的218 934人，增长138.7%（见图4-4）。

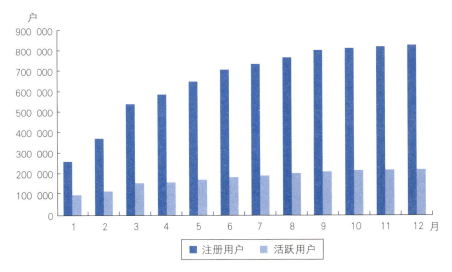

资料来源：《天津市互联网金融发展报告（2018）》编委会整理。

图4-4 2017年"吉祥生活"注册用户数和活跃用户数

2017年，"吉祥生活"APP定期存款总体呈稳步增长态势，余额从3月末的0万元增加到12月末的1 175万元，从3月开始，月平均新增定期存款130.5万元。相比定期存款，活期存款余额虽大，但月度变化并不明显（见图4-5）。

2017年8月，"吉祥生活"APP开通售卖理财产品功能，理财产品销售额稳步增长，2017年12月末理财产品余额已达4 863万元，月平均余额3 481.5万元。

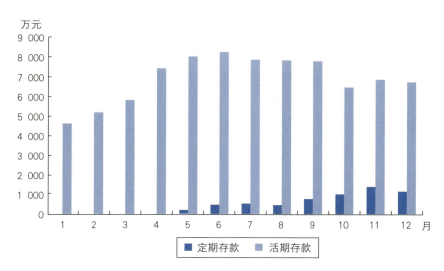

数据来源：《天津市互联网金融发展报告（2018）》编委会整理。

图4-5　2017年"吉祥生活"存款余额

三、天津银行与现有互联网直销银行开展业务合作

2014年12月，天津银行筹备组建了独立运营的直销银行经营团队。该团队成立以来主要是与深圳微众银行合作开展"微利通"联合贷款业务，除此之外，未提供其他线上金融服务，也未实质开展直销银行自营业务。

"微利通"联合消费贷款业务是以微众银行的"微粒贷"业务为基础联合开办，采用联合贷款方式，双方以微众银行"微粒贷"授信条件及产品规则为基础，依据同一贷款协议，向同一符合约定条件的大众客户，按照约定的贷款比例各自提供资金支持，并由微众银行实施贷款操作的业务经营模式。

"微利通"业务于2016年1月正式开办，截至2017年末，累计提款客户15.25万人，累计发放贷款71.22亿元。2017年末贷款余额12.87亿元，不良贷款余额1 045.32万元，不良贷款率为0.81%。"微利通"业务累计为天津银行创造利息收入近1.75亿元。

第二节　天津市互联网直销银行面临的主要问题与挑战

一、互联网直销银行获客渠道较难拓展

互联网直销银行面向的客户群体较广，理论上既能服务本行客户也能服务他行客户。但在实际运营中，互联网直销银行的客户拓展渠道多依赖原有的线下自有渠道，服务群体也多为本行存量客户，难以实现本身对增量客户的定位。这主要有两个方面的原因。一方面，客户在互联网直销银行开立银行Ⅱ类账户过程中，由于天津市互联网直销银行鉴权渠道较单一，现有渠道非本行银行卡五要素鉴权通过率较低，造成没有本行卡的客户注册直销银行Ⅱ类账户成功率低；另一方面，天津市本土城商银行和农商银行的客户构成比例受业务范围、合作资源等因素的局限，影响了直销银行业务的推广范围。

二、互联网直销银行产品服务缺少特色

天津市互联网直销银行能够提供的产品包括存款、货币基金、理财、直销基金、保险等，这些金融产品并没有体现出与其他渠道的产品差异，部分业务则是直接将线下产品搬到线上销售且与本行电子银行、手机银行产品高度重合，成为电子银行产品的辅助销售渠道，没有体现出互联网直销银行的产品特色，难以发挥其自身优势。

三、个人结算账户管理的进一步规范对互联网直销银行业务拓展带来挑战

2015年12月25日，中国人民银行出台了关于改进个人银行账户、加强账户管理的通知，对个人银行结算账户按照不同的开户方

式、开户渠道、账户功能和管理要求等，分为Ⅰ类账户、Ⅱ类账户和Ⅲ类账户。银行体系电子账户管理的不断完善为直销银行发展带来重大利好，但在实际业务中也对部分银行开展互联网直销银行业务带来挑战。一是在Ⅰ类账户与Ⅱ类账户的相互认证中，大型银行开放账户认证制约了中小银行互联网直销银行业务的发展。二是部分银行为丰富直销银行消费、支付场景，积极引进关乎民生缴费的业务品种，但由于Ⅱ类账户单日支付10 000元的限额，导致业务规模难以扩展。三是对于互联网直销银行开展的线上贷款品种，商业银行需对审核通过的授信资金注入客户直销银行Ⅱ类电子账户，该交易资金属于非绑定账户转入，受日累计存入限额管控，也在一定程度限制了互联网直销银行业务的发展。

第三节　天津市互联网直销银行的发展趋势与展望

一、充分运用大数据技术拓展业务范围

在我国经济金融持续稳健发展、国家政策红利不断释放、居民消费观念持续转变、金融科技快速崛起的多重因素影响下，基于大数据分析的获客及风控措施日趋成熟。近两年，互联网个人贷款市场蓬勃发展，并在一系列强监管政策的引导下，逐渐走向制度化、规范化轨道。天津市部分互联网直销银行将大力推动个人互联网贷款业务发展，采用先合作、后自营的模式开展业务，力争在短期内实现贷款规模快速增长，将个人互联网贷款业务打造成直销银行业务规模和利润的增长点。

二、不断完善互联网直销银行风控机制

互联网直销银行依托互联网平台开展业务，除了传统银行面临

的信用风险、流动性风险之外，还具有独特的风险特征，这就要求其调整和创新风险管理策略和方式。天津市部分互联网直销银行将通过增加生物识别、设备指纹、数字签名等技术手段，提升自身风控能力；建立反欺诈风险预警系统，针对撞库、账户盗用、异常转账、异常登录、异常注册、异常缴费、"薅羊毛"等情况制定风险规则，屏蔽交易风险，保障用户的金融财产安全。

三、加速拓展互联网直销银行差异化发展模式

模糊的客户定位和同质化的产品使现阶段互联网直销银行无法鲜明地展现自身特色，也削弱了其竞争力。天津市部分互联网直销银行将跳出传统银行思维，加速拓展互联网直销银行差异化发展模式。如部分互联网直销银行将重点推动基于消费场景的小额互联网贷款，特别是带有公益性、具备普惠特征的消费场景，在为客户提供融资服务的同时，提升产品社会效益。部分互联网直销银行将加大与第三方平台的合作力度，持续完善直销银行关乎民生的日常缴费业务品种或生活服务场景，为用户提供一站式的金融生活服务。

四、外资银行、民营银行和村镇银行将积极探索直销银行业务创新

金融科技的迅猛发展，正在改变银行业的服务和经营模式。直销银行作为互联网金融时代的产物，正在不断扩大队伍。天津市部分外资银行和13家村镇银行也在积极探索互联网直销银行业务创新，努力突破在物理网点上的短板，大幅扩大服务范围和效率。外资银行设立直销银行应充分学习和借鉴同行业经验做法，运用移动互联技术，深入挖掘客户全球化的金融和生活需求，提供更多元的服务。民营银行和村镇银行应充分利用其一级法人机构决策链短、

灵活快捷的优势不断创新，积极发挥服务中小、服务市民、服务"三农"的市场定位，用创新思维打造具有自身风格、特色的精品直销银行产品，在竞争日益激烈的金融行业里谋求发展空间。

第五章
互联网证券

- 天津市互联网证券发展情况
- 天津市互联网证券面临的主要问题与挑战
- 天津市互联网证券的发展趋势与展望

全国情况 >>>

2017年是我国互联网证券快速发展的一年。随着金融科技的发展和智能化移动通信技术的快速普及，越来越多的证券客户直接通过手机端进行开户、交易、查询等操作，基于移动端的网上证券业务已成为互联网证券最主要的发展方向。

从目前互联网证券平台建设来看，各券商的APP同质化严重，缺少特色化服务，大多是将一些证券经纪业务从线下搬到线上，但服务内容本质上没有改变，难以满足投资者日益多元化的投资需求。随着人们对互联网证券认知程度的不断提高以及对便捷化投资理财需求的不断升级，智能化服务或将成为未来互联网证券业务的主流发展方向。

第一节　天津市互联网证券发展情况

截至2017年末，注册地在天津市的证券公司仅有渤海证券一家，本报告所采集的数据及引用的情况主要为渤海证券的相关情况。

一、网上开户数占比提高

2017年，渤海证券总开户数为16 338户，其中网上开户数为13 092户，网上开户数量占比为80%。相比2016年，网上开户数量占比增加了12个百分点，但总开户数减少了4 692户，主要原因是股市行情持续低迷，市场整体赚钱效应欠佳，散户并未深入参与市场，导致新开户数量下滑（见图5-1）。

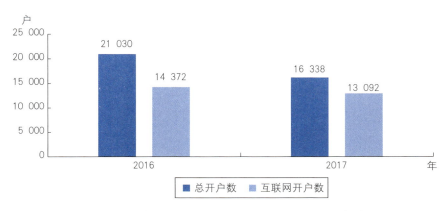

资料来源：渤海证券，《天津市互联网金融发展报告（2018）》编委会整理。

图5-1　渤海证券开户情况

二、互联网证券业务中移动端交易额占比提高

2017年，渤海证券网上交易金额约为5 942亿元，较上年减少2 113亿元，同比下降26.2%。移动端交易金额约为2 186亿元，同比下降11%；移动端交易金额占网上交易总额的37%，较上年提高了6个百分点。全年网上交易金额降幅较大，但移动端操作交易比例在提升（见图5-2）。

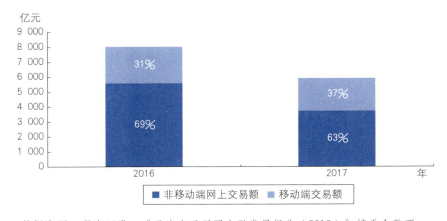

数据来源：渤海证券，《天津市互联网金融发展报告（2018）》编委会整理。

图5-2　渤海证券移动端交易额占比情况

三、在线股权质押贷款规模大幅增长

在线股权质押贷款是证券投资用户通过互联网渠道，以二级市场流通股票作为质押，向证券公司申请的在线融资服务，融资用途需合法合规。2017年，渤海证券在线股权质押贷款规模约5 276万元，是2016年的12倍（见图5-3）。

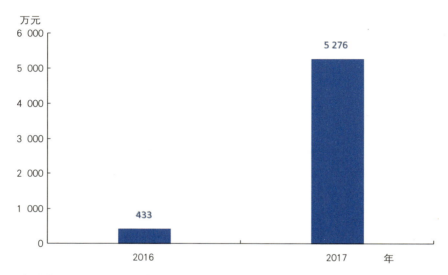

资料来源：渤海证券，《天津市互联网金融发展报告（2018）》编委会整理。

图5-3　渤海证券在线股权质押贷款规模

四、互联网金融商城理财产品销售规模有所下降

互联网金融商城理财产品主要是证券公司通过公司金融商城销售的理财产品，除证券公司自身发行的资管计划、收益凭证等产品外，也包括代销信托、银行理财等产品。2017年，在符合《证券期货投资者适当性管理办法》相关要求下，渤海证券互联网金融商城累计销售金融产品约1.45亿元，较2016年减少0.58亿元（见图5-4）。

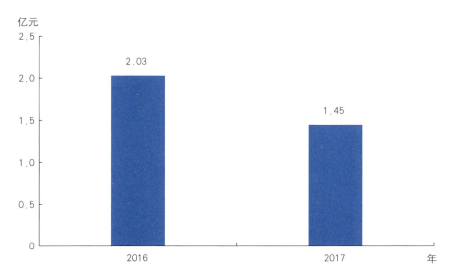

资料来源：渤海证券，《天津市互联网金融发展报告（2018）》编委会整理。

图5-4　渤海证券互联网金融商城累计销售规模

第二节　天津市互联网证券面临的主要问题与挑战

一、互联网平台建设能力不足

在平台建设方面，受券商自身信息技术能力和平台研发投入制约，除少数券商如华泰证券、国信证券为完全自建平台外，其余券商多采用合作开发或完全外包方式进行。因不是自建系统，券商的个性化需求很难得到满足，出现问题时响应速度也难以满足客户要求。

二、券商APP同质化竞争严重

在科技金融大发展背景下，各家券商对于移动互联网流量的争夺愈演愈烈，而券商APP作为互联网证券业务的主要入口，肩负着赢得流量的使命。影响各家券商APP流量的原因，一是佣金，二是APP本身的易用性。在当前行业内佣金普遍差异不大的情况下，APP本身的易用性就变得尤为重要。目前，市场上券商APP的同质化问题已经开始显现，任何新上线的功能都有可能被同行迅速复制和普及，单纯指望新模块能吸引用户也变得不切实际。

三、监管趋严下的创新业务探索更为谨慎

随着信息技术的不断发展，证券业务的互联网化已成为不可逆的趋势。但作为一项新兴业务，互联网证券的发展边界很大程度上取决于监管政策的变化。目前金融监管政策不断趋严，券商在互联网证券业务方面的创新和探索需要更加谨慎。

第三节　天津市互联网证券的发展趋势与展望

一、券商风险控制水平将进一步提升

相对于传统的线下证券业务，线上证券业务对风险控制的要求更高。随着金融科技的不断进步、金融监管对风控要求的不断提高以及券商出于自身安全发展角度考虑，未来一段时间，天津市互联网证券从业机构将进一步强化风控管理的信息技术手段，风控管理模式也望得到持续改进，风险识别、监测、预警、处置的全流程化和实时化的管理水平将得到有效提升。

二、智能化证券服务成为行业发展新风口

互联网证券领域服务增效主要包含两个方面的内容：提升质量与降低成本。在这两个方面，智能化金融科技的应用都能为客户带来显著的体验升级。从现实意义上分析，券商以智能投资顾问撬动

传统经纪业务转型，除了普惠性这一最为明显的客户开拓优势外，还有压缩人力成本与提升效率的考虑。如券商的清算结算、经纪业务、风险管理、客户服务等主要功能，在区块链等大数据信息处理技术的支撑下，将显著提高效率并增加安全性。而在这一趋势下，券商的盈利重心也必将逐渐向资产管理、投资顾问和融资融券等业务倾斜，这又刺激了其对智能金融技术的更大需求。

三、平台化运营模式将更为普及

从发展趋势看，平台化运营模式将在券商行业得到广泛应用。平台化运营具有三个主要优势：一是可迅速积累用户；二是可有效增强用户黏性；三是更具灵活性和便捷性。券商可借助互联网平台领先的流量优势和用户黏性加载"互联网+"属性，实现跨越式发展。

第六章
互联网基金销售

- 天津市互联网基金销售发展情况
- 天津市互联网基金销售面临的主要问题与挑战
- 天津市互联网基金销售的发展趋势与展望

第一节　天津市互联网基金销售发展情况

截至2017年末，注册地在天津市的公募基金管理公司仅有天弘基金管理有限公司一家，本报告采集的数据信息均为天弘基金的相关情况。

截至2017年末，天弘基金资产管理规模超过2.07万亿元，其中管理公募资产规模达17 893亿元，累计用户数超过3亿户，是国内公募规模最大、客户数最多的基金公司[①]。

一、新增网上开户数增长较快，通过第三方渠道直接开户比例逐年扩大

2017年，天弘基金新增网上开户数较上年同期出现大幅增长。其中，除余额宝外，直接通过天弘基金官网新增开户数相较全部新增网上开户数占比较小，通过第三方网上渠道开户的客户数量占比逐年增加，这表明后者仍是网上开户的主要渠道。

二、互联网基金销售仍以货币基金为主

2017年，天弘基金互联网基金销售金额同比大幅增长。互联网基金销售金额在全部渠道基金销售金额中占绝对多数，且自2015年以来占比呈持续上升趋势。这表明互联网仍然是天弘基金销售的主要渠道。

天弘基金互联网基金销售种类中，货币基金总体体量仍占绝对多数。债券基金、混合型基金、股票型基金虽销量略有变化，但货

[①] 数据来源于天弘基金的持股公司君正集团2017年度报告。

币基金仍然是投资者的首选互联网基金投资种类。

三、互联网直销是公司主要销售渠道

2017年，天弘基金通过互联网直销（含余额宝）的总销售金额占全部渠道基金销售总金额的绝对多数，但比重较2015年、2016年均有下降，整体呈小幅下降趋势。互联网直销仍然是目前天弘基金互联网基金销售的主要渠道。

第二节　天津市互联网基金销售面临的主要问题与挑战

一、互联网基金销售平台产品差异化程度低

2017年，公募基金公司推出的产品数量庞大，但产品类型有限，同质化程度较高。从互联网基金销售市场看，各平台仍以货币基金、债券基金、混合型基金等基金产品为主流，各类型产品的行业竞争十分激烈，市场拓展压力较大。从可持续发展角度考虑，亟须基金管理公司结合市场发展情况和客户需求，不断推陈出新，丰富产品类型。

二、互联网基金销售平台服务同质化程度高

当前，互联网基金销售平台以提供简单快捷的销售服务为导向，但客户增值服务不足，且整体服务的同质化程度较高，投资者综合体验仍有较大提升空间。从投资者角度考虑，其在享受便利的基金销售服务之外，更深层次的需求在于能否从互联网基金销售平台获取更多的定制化服务与增值体验。基金公司只有通过差异化服务才能吸引越来越多的投资者，全面提高客户综合体验。

三、互联网基金销售规范性有待加强

从市场反映情况来看，部分互联网基金销售平台业务开展中存在一定程度的不规范问题，对基金销售市场的有序竞争和良性发展造成影响，也容易形成劣币驱逐良币的恶性循环。随着《证券期货投资者适当性管理办法》的出台，证券监管机构对互联网基金销售行为的监管力度不断加强，促进了各机构不断规范自身销售行为、切实履行更严格的适当性义务，并在合规管理方面出现了明显进步趋势。

第三节　天津市互联网基金销售的发展趋势与展望

一、互联网基金销售业务的规范化程度进一步提高

近年来，涉及业务规则、投资者适当性保护、信息技术安全保护的监管政策陆续出台，互联网基金销售业务面临日趋严格的合规要求。风险防控薄弱、"打擦边球"、违法违规销售等现象将在强监管环境下被遏止。各机构充分认识到只有扎实履行合规责任、有效防范风险，才能最大限度地取信于投资者，树立公司良好形象，提高市场地位。今后一段时期，各基金销售机构将深入结合国家监管政策，在适应激烈的市场竞争、提高销售业绩与规模的同时，严守合规底线，践行投资者保护的责任。

二、以提升客户体验为导向的销售服务将得到不断优化

互联网基金销售特别是非货币基金销售，如何提升投资者的购买体验、完善投后服务、实现投资者全程陪伴日益成为机构提高产品和服务竞争力的核心因素。一方面，需要培养投资者长期持有的理念，提升客户黏性；另一方面，需要强化定制化服务理念，全面

提升客户体验。今后，互联网基金销售服务有待不断从售前向售后转移，并努力实现贯穿投前、投中、投后的全过程服务。

三、互联网基金销售服务将逐步向财富管理转型

目前，互联网基金销售平台以销售货币基金为主，热销产品类型有限，服务同质化程度高，投资者多元化的资产配置需求并未得到充分地发掘和满足。同时，受市场波动、投资者判断失误等因素影响，在产品切换决策过程中也会错失较好的获取收益机会。今后，各机构在基金销售平台不断改进的过程中，将不仅满足于单纯的产品提供，还应更多地参与到用户的财富管理配置中来，充分发挥管理人的专业性优势，为客户提供更多智能化的组合性资产配置服务和投资咨询服务，向互联网财富管理化的大趋势转型。

第七章
互联网消费金融

全国情况 >>>

随着移动互联网场景的不断扩展、居民消费习惯的改变和线上消费渗透率的不断提高，互联网消费金融市场规模不断扩大。由于目前尚无互联网消费金融全领域的统计数据，无法了解全国互联网消费金融市场的总体发展状况。但有关第三方机构数据显示，2017年中国互联网消费金融市场交易额增速超过200%。

从未来发展趋势看，互联网消费金融将继续保持高速增长态势，并将成为互联网金融领域最为活跃的业态之一，市场竞争也将进一步加剧。

一方面，随着居民消费水平的不断提高，消费金融的需求量日益扩大，基于抢占市场和拓展业务领域的角度考虑，消费金融已成为众多机构的必争之地；另一方面，随着互联网金融风险整治工作的不断深入，网络小额贷款、"现金贷"、P2P等互联网金融业务量大幅缩减，也变相为互联网消费金融带来了新的业务增长点。

第一节　天津市互联网消费金融基本情况

目前，互联网消费金融产品（如蚂蚁花呗等）的认知度①和使用率②明显高于其他类型的消费金融产品（如信用卡、P2P产品等）。在天津市，互联网消费金融产品同样在认知度和使用率上排名第

---

① 认知度指知道相关消费金融公司的消费者人数占总受访人数的比例。
② 使用率指在一定时间内使用过相关消费金融公司的消费者人数占总受访人数的比例。

一，且均高于全国平均水平（见表7-1）。

表7-1　　　　　各类型消费金融机构认知与使用情况

公司类型	认知度		过去一年使用率	
	全国总体	天津	全国总体	天津
基数：大众消费者	N=2006	N=34	N=2006	N=34
互联网消费金融（如蚂蚁花呗等）	79%	85%	55%	65%
商业银行/发卡机构信用卡	62%	79%	41%	38%
P2P	52%	65%	7%	6%
银行小额贷款	31%	35%	6%	9%
消费金融公司	25%	29%	5%	9%

资料来源：捷信关于互联网产品市场调研项目（执行时间为2017年8月）。

从品牌看，蚂蚁金服（含蚂蚁花呗和借呗）在全国的认知度和使用率均明显高于京东白条和微众银行/微粒贷。在天津市，蚂蚁花呗/借呗的认知度和使用率仍为最高，与全国水平相当；京东白条和微众银行/微粒贷的使用率则高于全国平均水平（见表7-2）。

表7-2　　　　　互联网消费金融公司或P2P主要品牌情况

公司类型	品牌	认知度		最近一次贷款品牌*	
		全国总体	天津	全国总体	天津
基数：大众消费者		N=2006	N=34	N=2006	N=34
互联网金融	蚂蚁花呗/借呗	76%	71%	41%	38%
	京东白条	61%	62%	10%	21%
	微众银行/微粒贷	25%	24%	2%	6%
P2P	陆金所	35%	26%	2%	3%
	宜人贷	33%	18%	2%	3%
	拍拍贷	22%	21%	1%	3%
	趣店/来分期	13%	15%	1%	0%
	我来贷	11%	6%	1%	0%
	信而富	4%	6%	0%	0%
	买单侠	3%	3%	0%	0%

注：*最近一次贷款品牌指在最近一次使用的消费金融产品为某品牌旗下产品的受访者人数占总受访人数的比例。

资料来源：捷信关于互联网产品市场调研项目（执行时间为2017年8月）。

第二节　从典型案例看天津市互联网消费金融发展情况

天津市互联网消费金融从业机构可以分为四类：一是商业银行，通过APP提供互联网消费贷款；二是持牌消费金融公司，通过APP或与线上商家合作提供消费金融服务；三是行业巨头旗下的互联网金融公司，通过线上购物平台提供如京东白条、蚂蚁借呗等消费信贷服务；四是其他类型的企业，如P2P借贷平台等提供消费金融服务。

以天津市A消费金融公司（持牌消费金融公司）为例（以下称A公司），该公司在2017年新增客户总数量超过59万人，新增贷款额9.52亿元，折算年化综合息费率呈逐渐下降趋势（见表7-3、图7-1、图7-2、表7-4）。

表7-3　　　　　　　　　　2017年A公司线上产品贷款总体情况

时间	客户数量 （万人）	贷款金额 （亿元）	贷款余额[1] （亿元）	逾期率[2] （％）
2017年	59.77	9.52	4.91	6.70

注：（1）贷款余额是指截至2017年12月底的全部贷款余额。

　　　（2）逾期率是指从第2期开始逾期30天及以上的客户的占比。

资料来源：《天津市互联网金融发展报告（2018）》编委会整理。

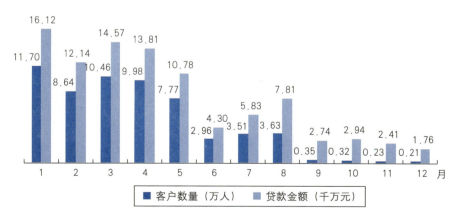

资料来源：《天津市互联网金融发展报告（2018）》编委会整理。

图7-1　2017年A公司线上产品不同月份贷款情况

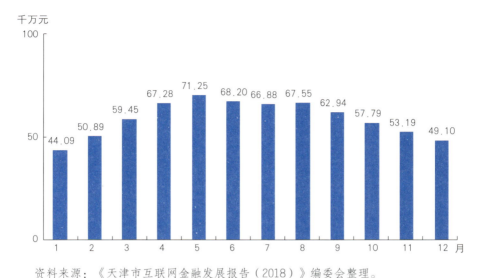

资料来源：《天津市互联网金融发展报告（2018）》编委会整理。

图7-2　2017年A公司线上产品不同月份贷款余额

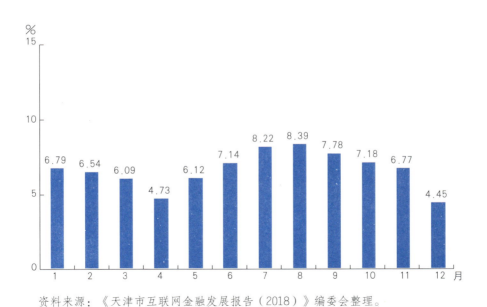

资料来源：《天津市互联网金融发展报告（2018）》编委会整理。

图7-3　2017年A公司线上产品不同月份逾期率

表7-4　　　　　　2017年A公司线上产品贷款不同月份情况

月份	新增客户数量 （万人）	新增贷款金额 （千万元）	贷款余额 （千万元）	折算年化综合 息费率（%）	逾期率（%）
1	11.70	16.12	44.09	55.65	6.79
2	8.64	12.14	50.89	39.18	6.54
3	10.46	14.57	59.45	39.32	6.09
4	9.98	13.81	67.28	40.28	4.73
5	7.77	10.78	71.25	40.61	6.12
6	2.96	4.30	68.20	38.96	7.14
7	3.51	5.83	66.88	39.27	8.22
8	3.63	7.81	67.55	39.02	8.39
9	0.35	2.74	62.94	33.68	7.78
10	0.32	2.94	57.79	33.07	7.18
11	0.23	2.41	53.19	32.37	6.77
12	0.21	1.76	49.10	33.71	4.45
2017年全年	59.77	95.20	49.10	40.76	6.70

资料来源：《天津市互联网金融发展报告（2018）》编委会整理。

从服务对象上看，A公司的客户群主要以21~30岁、男性为主（见表7-5），包括中低收入人群。而相对全国而言，天津市有更多女性选择使用线上贷款产品。

表7-5　　　　　　　　A公司线上产品的客户特征

单位：%

	全国总体	天津
性别	—	—
男	80	76
女	20	24
年龄	—	—
18~20岁	10	9
21~25岁	33	33
26~30岁	28	27
31~35岁	14	15

续表

	全国总体	天津
36~40岁	7	8
40岁以上	7	9
个人月收入	—	—
3000元或以上	17	19
3001~4000元	24	25
4001~5000元	29	28
5001~6000元	13	12
6000元以上	18	16

注：线上产品的客户指在2017年1~12月申请该公司线上贷款产品的消费者。

资料来源：《天津市互联网金融发展报告（2018）》编委会整理。

　　从贷款目的来看，互联网消费金融贷款主要用于日常消费品、家用电器和手机的购买（见表7-6）。

表7-6　　　　　　　　　客户排名前十的消费用途

单位：%

	全国总体	天津
日用品（食品、洗护用品等）	33	32
家用电器	18	19
手机及其配件	14	13
家庭装修	8	9
旅游度假	4	4
电脑	4	3
教育培训	3	4
租房自住	3	4
服饰箱包	2	2
家具家居	2	2
医疗美容	2	2
摩托车/电动自行车/三轮车	2	2

资料来源：《天津市互联网金融发展报告（2018）》编委会整理。

第三节　天津市互联网消费金融面临的主要问题与挑战

一、消费者综合资金成本仍然偏高

互联网消费金融以线上业务为主，主要面向习惯于使用互联网购物的年轻群体，线上审批采用对客户资料、消费数据、网上消费习惯、购物行为信息等进行交叉验证，审批速度快，消费者应用便捷性较高。但从使用成本来看，互联网消费金融的综合资金成本远高于一般银行贷款。以A公司为例，2017年该公司互联网消费金融产品折算年化综合息费率超过40%，达到一年期基准贷款利率的9倍以上。

二、机构风控能力较差，信用风险高位运行

多数互联网消费金融产品无须抵押和担保，信用额度较低，加之消费者平均月收入不高，坏账损失率普遍较高。以A公司为例，2017年该公司贷款逾期率达到6.7%，最高单月逾期率达到8.39%。

为覆盖资产减值损失，同时保证经营利润，部分在天津开展互联网消费金融业务的公司会收取较高的利息和其他费用。依赖高息费覆盖业务成本从一个侧面反映出目前互联网消费金融机构的风控水平有待提升。

三、贷后催收手段不规范，催收难度普遍较大

由于贷款逾期率普遍较高，贷后催收成为互联网消费金融机构面临的重要课题。从目前来看，互联网消费金融机构的催收方式极为有限且成本较高，一般都委托第三方专业催收机构开展债务催收，但催收效果普遍不佳。特别是当借款人蓄意违约或因经济原因

无法清偿债务的情况下，催收难度较大。

在此情况下，由于缺乏对第三方催收机构的规范性培训、考核、评估和处罚机制，部分第三方机构在催收过程中易发生不当催收的情况，可能会对借款人或其家人、朋友造成不良影响，严重时可能造成严重的社会影响。

第四节　天津市互联网消费金融的发展趋势与展望

一、强监管背景下互联网消费金融行业整体发展状况趋良趋优

随着各项监管政策逐步出台，互联网消费金融将进入深度合规整改阶段。无牌照、无资质机构将无法开展互联网消费金融业务，不合规的开展方式将被剥离。

合规整改阶段，互联网消费金融业务增速将受到一定影响。同时，业务合规开展、风控模型改善、风控更加严格将成为机构主攻方向。

互联网消费金融机构将进一步降低消费者综合资金成本、规范贷后催收管理、深耕已有优质客户，为消费者提供更加个人化、人性化的服务。

二、融合线上线下的多渠道服务模式将成为主流

随着"互联网+"理念的不断拓展，融合"线上服务+线下服务"，发展"互联网+"消费金融，将是互联网消费金融未来一段时期的重点发展方向。

互联网消费金融机构借助多年积累的线下优势，发展线上线下相结合的多渠道服务模式、扩展消费场景，将为机构带来新的利润

增长点。例如，在手机和家电消费方面，互联网消费金融机构可加大与手机制造商、电器制造商和移动运营商的合作，使线上和线下市场通过分期付款购买手机或家电的规模占比持续增长。

三、信用体系等行业基础设施的不断完善将为互联网消费金融提供更加广阔的发展空间

近年来，党和国家对信用体系的重视程度不断提高，采取积极措施推动社会信用体系建设，党的十八大和党的十八届三中全会更是对"建立健全社会信用体系"作出了重要部署；各级各部门推进信用体系建设的制度措施也在不断出台，社会各领域对失信行为的惩戒力度不断加大，各类信息共享等行业基础设施得到持续完善。

互联网金融领域，中国互联网金融协会组织建设的互联网金融信用信息共享平台正式运行，牵头建设的"百行征信"也成功落地，有望为互联网消费金融的业务拓展和风控管理提供有效支持。

第二部分
天津市互联网金融
典型案例

专题一
支持实体经济及普惠金融发展案例

- 宜信租赁助推乡村振兴战略
- 天津农商银行助力普惠金融发展
- 希望金融助力农业转型
- 大连银行天津分行支持实体经济发展

宜信租赁助推乡村振兴战略

宜信惠琮国际融资租赁有限公司

宜信惠琮国际融资租赁有限公司（以下简称宜信租赁），2012年成立，是经商务部批准成立的中国第一家专注为小微企业和个人消费者提供服务的融资租赁公司，隶属于中国知名的普惠金融、财富管理及互联网金融旗舰企业——宜信公司。

宜信租赁产品定位于农业装备行业、乘用车行业、城市连锁消费行业的金融服务及全产业链融资解决方案；立足小微，服务农户、工薪阶层和小微企业主群体；可为设备生产商、代理商和终端用户提供直接融资租赁、售后回租融资租赁、委托租赁投资等一揽子融资租赁解决方案；以标准化的小额租赁产品、创新的业务模式，满足小微人群的设备融资需求。

引流普惠金融活水，灌溉"三农"实体经济

党的十九大提出的乡村振兴战略是新时代"三农"工作的总抓手，而不久前发布的《中共中央　国务院关于实施乡村振兴战略的意见》则为推进乡村全面振兴提供了基本遵循。

宜信租赁于2012年起，率先在农业机械行业开展面向农民的小微农机融资租赁业务，与农机生产厂家、经销商合作，将租赁模式引入农机销售领域，推出"农租宝"系列产品，帮助农民以较少的首付资金更便捷地购买所需农机，提供有别于传统金融机构的融资服务。

实际上，农机融资租赁在国外已有多年历史且发展成熟，但在

国内却还属新鲜事物。近年来，在国家一系列政策的鼓励下，农机融资租赁开始在农村市场活跃起来。宜信租赁的总经理毛芳竹将看似复杂的农机融资租赁业务模式总结为三句简单的白话，"你选我付款，质保厂家管。""你租我才买，我买你必租。""想要所有权，租金要付完。"合作经销商和借款农户一看就明白，一说就理解。具体做法是：农户选好农机后，由宜信租赁将购机款支付给农机经销商，帮助农户解决购机资金难题，而农机生产厂家则依然负责农机使用过程中的质保问题。只有当农户有明确的购机需求并选好机型后，宜信租赁才会为农户提供融租服务，双方约定在非特殊情况下农户不得退机。在农机租赁期间内，农机所有权归属租赁公司，农户按期向公司完成租金交付后，农机所有权将履约变更至农户名下。

不仅农户推崇，很多农机经销商也非常认同融资租赁服务。与宜信租赁多年合作的崇左福源农机公司总经理黄建平表示，近年来，随着农业机械化程度不断提高，农民对于高性能农机设备的需求和购机资金短缺之间的矛盾日益突出。赊销成为农民获取农机的重要方式之一，但作为经销商同样面临资金困扰。"农户和经销商都迫切需要通过创新的金融模式、多样化的融资渠道来解决这一难题，现在看来，农机租赁是一种不错的模式。"黄建平表示。

农村金融是服务"三农"和实体经济发展的重要力量。宜信租赁自2012年成立以来，涉足农村市场6年，已经成功为上万名农户解决了融资购机难题，业务范围覆盖全国30多个省市及地区，涉及农机设备约14大类180种，涉农融资租赁客户遍及全国196个县市区，从最初农户需求量最大的拖拉机、收割机等动力设备，到当前涉及农业生产耕、种、管、收、烘干、储存和加工的全流程、全产业链的机械化设备，实现了农机金融服务全产业链覆盖，产品和服务受到东北、内蒙古、山东、河北、安徽等粮食重要产区农户的一致好评。

相较于传统的信贷模式，将主营业务放在农业生产领域能否实现可持续发展？对此，宜信租赁的业务实践给出了答案：融资租赁业务在农村具有非常明显的优势。从农村信用环境上讲，很多人认为农民的信用管理不好，经常会赖账。实际上，宜信租赁的业务实践表明，农村业务的坏账率往往低于城市业务；从风险管理角度讲，在确认放款前，宜信租赁会根据农户的生产资料、能力、经验进行充分的评估，确定农户拿到设备后能够赚到钱。以耕种设备融资为例，如果农户是自耕，在东北地区至少要拥有200亩以上的土地；如果是代耕，则需要看农户拿到了多少代耕合同。当农户出现逾期还款时，多数情况是出现了天灾或者作业事故等突发问题。对此，宜信租赁联合一些涉农保险公司，针对机械损坏、疾病伤亡、价格波动等风险因素推出了若干保险产品，并在产品面世初期采取办业务送保险的手段进行推广。

携手千名诚信用户，共建农村信用体系

从宜信租赁扎根农村金融领域多年的业务实践可以看出，由于农村缺乏相应的信用记录，广大农民以及新型的农村合作组织在进行融资时，往往只有空白的信用记录，贷款机构无法准确判断其信用状况。宜信租赁总经理毛芳竹表示："我们做业务的时候，除了提供金融方面的支持以外，还会帮助农户建立信用体系，其中最重要的就是提高他们的信用管理能力，帮助农户树立信用意识，指导他们在业务存续期间按时还款，这样才能形成一个良好的信用记录。"

2015年，宜信租赁发起"诚信之家"用户评选活动，率先在农机融资租赁用户中筛选信用记录和履约状况优异者授予"诚信之家"荣誉称号，以兹鼓励。"诚信之家"是宜信租赁践行企业社会责任、帮助农户建立个人信用体系而设的荣誉称号，评选的最重要

标准是看农户的还款意愿。有良好的还款意愿并且按期还款的农户，宜信租赁就会通过公开表彰、鼓励的方式，为农户提供一份信用认证。公司也希望通过"诚信之家"典型用户的带动，让更多农户认识到信用的价值。在信用良好的情况下，农户将终身享有"诚信之家"荣誉称号并尊享宜信租赁各项金融咨询服务和融资优惠政策。凭借其在宜信租赁积累的优良信用和"诚信之家"荣誉，农户可及时、方便、快捷地获得生产生活所需资金支持。

2016年，宜信租赁将诚信荣誉体系扩展到携手合作共同服务"三农"事业的农机经销商群体中，在"诚信之家"评选的同时，发起了"诚信伙伴"评选，面向大众充分肯定优秀农机经销商的诚信价值。获评"诚信伙伴"的经销商也将终身享有这一荣誉并尊享更加优惠的合作激励政策。

2017年10月17日，在党的十九大召开前夕，以服务"三农"为宗旨的《农业科技报》整版刊登了宜信租赁"诚信之家"千名客户荣誉名单，面向全国传达了宜信租赁倡导的"人人有信用，信用有价值"的理念，并介绍了宜信租赁在农村信用体系建设方面的实践。

截至2017年末，获得宜信租赁"诚信之家"和"诚信伙伴"荣誉称号的农户和合作伙伴已突破1 000家。这项帮助农户和农机经销商建立信用体系的荣誉称号正在无声无息地推动着农村信用体系的建设进程，同时还得到了政府机构及业界媒体的广泛认可。在2018年2月底农民日报社主办的"宣传贯彻一号文件精神暨2018中国'三农'发展大会"上，宜信租赁凭借多年优质服务积累的信赖和口碑，获得了2017"金口碑奖"——"中国用户信赖的农机金融服务机构"奖项，也是唯一一家连续两年荣获群众口碑嘉奖的农村普惠金融创新机构。"金口碑奖"不仅是广大农民用户对农机和农业品牌的喜爱和真实评价，也是目前中国农机领域中最具影响力的奖项。

在传统金融机构信用评价体系下，虽然当下仍有一大部分农民在人民银行没有个人信用记录，但他们一代代固守的诚信观念和为履约作出的努力同样值得认真对待。针对"诚信之家"客户，宜信租赁推出的10万元信用额度售后回租业务反响非常好，而从2016年开始兴起的征信共享平台也将会进一步证明，在非银机构保持良好的信用记录同样有价值。

未来，宜信租赁将会持续引领更多用户和合作伙伴加入"诚信之家"和"诚信伙伴"的荣誉体系中，与"三农"人群携手共建诚信体系，进而打通更多释放个人信用价值的渠道，在信任、尊重和共赢的基础上，共同见证"人人有信用，信用有价值"为生产生活带来的积极改变。

天津农商银行助力普惠金融发展

天津农村商业银行股份有限公司

天津农商银行的前身是有着六十多年历史的天津农村信用社，2010年6月正式改制挂牌成立，是一家地方国有资产具有实际控制力的混合所有制现代商业银行。

自成立以来，天津农商银行秉承"立足社区，服务"三农"，支持中小企业发展"的服务宗旨，着力推进各项业务全面发展，综合实力不断增强。截至2017年末，全行总资产2 991亿元，存款规模2 099亿元，贷款规模1 350亿元。在银监会监管评级中，连续三年被评为二级行；在英国《银行家》杂志2017年公布的全球银行1 000强排名中，位居第319位，较成立之初提升了170位，市场地位显著提升，拥有较好的发展潜力。

自党的十九大召开以来，"深化金融体制改革，增强金融服务能力"已成为新时代中国特色社会主义市场经济的金融建设方向。天津农商银行秉承"可持续发展的、区域领先的、专注于'三农'和中小企业的社区型零售银行"的发展愿景，在着力推进传统优势业务发展的同时，积极丰富金融产品，参与到服务实体经济、发展普惠金融的大潮中，陆续推出了互联网金融门户产品——"吉祥生活"APP、优质农副特产购物网站——"优农乐选"、聚合支付互联网收单业务——"聚合支付"。

"优农乐选"聚焦"三农"，服务农业发展

"优农乐选"网上商城是天津农商银行旗下优质农副特产购物

网，本着优势互补、立足于农、服务百姓的合作意愿，不断拓展业务种类，着力打造天津人民自己的放心农产品网站，在支农支小、服务"三农"经济方面贡献力量。

"优农乐选"现有商户100余家，注册会员80 000余人，上线商品1 000余件。"优农乐选"利用自身优势，吸纳各类优质商户和农户入驻，帮助当地商户和农户参与网上销售，推动本地农产品"走出去"。其中代销的东丽区欢坨西红柿，仅三个月时间就销售了近1 000公斤，蓟县桑梓西瓜三个月销售700多公斤。"优农乐选"在为客户提供优质商品的同时，帮助商户增收，拉近了银行与客户的距离，增强了客户黏性。

"优农乐选"自2014年9月上线营运至今，市场表现良好，销量屡创佳绩，得到了天津市政府的充分肯定，先后被天津市农委授予"天津市农村金融创新平台"及"天津市农产品电子商务示范工程"荣誉称号，同时得到同业机构的广泛关注。

2018年，"优农乐选"平台开始面向全国推广，把天津本地特色农产品卖出去，把全国客户引进来。"优农乐选"团队将甄选出本地农业龙头企业、合作社，突破传统的销售模式，通过网络宣传、网络销售，大力推动农副产品一站式服务，建设特色农产品交易集散中心。与此同时，天津农商银行与农信银资金清算中心、北京农商银行以及浙江、安徽、新疆等农信系统兄弟单位多次展开业务交流，并达成了商城合作资源共享、相互导流的意向，帮助本地农户或企业将商品推向全国。"优农乐选"平台还关注困难农户，对其滞留的农产品进行包装、宣传、促销，联系当地合作的物流公司进行物流配送；在商城中举办助农义卖活动，积极推动网上销售解决"卖难"问题，促进农户增收。此外，"优农乐选"积极探索与商业银行农村金融服务站合作模式，充分利用农村金融服务站的地域优势，使其成为农产品上行下行的中转站，为推动普惠金融发展拓展了路径。

"吉祥生活"锐意创新，打造天津农商银行移动互联网金融主流门户

"吉祥生活"是天津农商银行倾力打造的一款集直销银行、扫码支付、线上自助生活缴费于一体的全功能综合服务类门户APP，作为用户通过互联网获取金融产品与服务的平台，将越来越多地承担着维系存量客户、获取新用户的重要职能。"吉祥生活"APP的正式发布，是天津农商银行实现互联网金融战略最具里程碑意义的关键一步，也是天津农商银行颠覆传统银行形象的一次突破。

我国当前有千千万万家小微企业、谋生营业者、创业者以及消费者，虽然小且分散，但集聚起来却规模巨大。实体经济中这些海量、碎片化的金融需求，也就是普惠金融的需求。天津农商银行着眼于普惠金融本质，希望能够有效并且多方位地为社会所有阶层和群体提供服务。

"吉祥生活"不断完善客户端功能，坚持"立足本地、辐射全国"的经营理念，持续提升APP服务能力。目前，"吉祥生活"可实现以下功能：交通罚款、有线电视、固定电话、供热等本地特色缴费功能；手机话费、手机流量、煤、水、电、Q币、游戏点卡充值等全国缴费功能；支持线下实体商铺扫码支付；为广大客户提供储蓄、理财等特色金融服务。同时，为进一步提升客户体验与活跃度，"吉祥生活"引入积分模式，创设"吉祥豆"，客户可通过各类金融产品购买、日常缴费、扫码支付、完善客户信息等方式获取，还可通过分享、邀请、签到等方式获取，有效提升了用户体验与黏合度。

安全管理方面，一是注册绑卡认证环节，"吉祥生活"客户端严格遵照人民银行关于Ⅱ类电子账户的规定，绑卡认证过程需进行联网核查、人脸识别辅助认证，绑定账户金融认证使用银联鉴权标准通道完成，确保客户信息真实性、准确性、有效性。二是设备登

录环节，"吉祥生活"客户端主要采用了手势密码、人脸识别、芯盾短信加密三个风险防控措施，设有账户安全中心，方便用户对账户进行安全等级的提升操作，从而加强风控，保护用户账户安全。三是交易环节，"吉祥生活"客户端配置完善的风险预警规则，当客户动账交易触发单笔或累计限额时，客户端将调用人脸识别辅助认证手段进行交易确认，保证客户交易资金安全。

根据2018年的业务发展规划，天津农商银行拟在"吉祥生活"APP中引入更多生活服务类板块，如医疗健康、餐饮娱乐、周边信息、旅游出行等，并进一步丰富民生缴费类业务品种或生活服务场景，为用户提供一站式金融生活服务。同时，在充分调研市场和了解用户需求的基础上，加快金融产品迭代速度，适时推出基金、保险、贷款等线上金融产品，全面提升金融服务能力，增加存量客户黏性，吸引并转化外部客户。同时秉承创新、发展、合规理念，将天津农商银行互联网金融业务推向新的高度。

积极开展"聚合支付"扫码收单业务，为互联网金融业务发展保驾护航

随着互联网金融的快速发展，移动支付已经逐渐成为一种趋势和习惯。其中，二维码支付由于其收单成本低廉、交易操作便捷等优势，越来越为广大用户和商户所接受，成为最常使用的支付方式之一。为抢占市场先机，天津农商银行基于"吉祥生活"APP在金融同业中较早启动二维码支付业务，并主动丰富APP扫码支付的应用场景；在此基础上，为进一步满足商户多样化的结算受理需求，采取措施不断优化商户受理环境。2017年5月，天津农商银行又研发投产了聚合支付二维码收单系统，将微信、支付宝、银行等多方二维码支付进行集成整合，为商户提供一套综合性系统，实现支付并轨，即商户二维码收款一点接入、统一清算、统一对账、统一差错处理

以及其他增值服务，减少了商户接入和维护成本，提高了商户二维码收款结算效率。

　　未来，天津农商银行聚合支付业务将进行地域拓展，深耕农村市场，完善农村地区移动支付受理环境。目前，农村地区移动支付尚处于起步阶段，支付产品种类单一，支付服务匮乏，简单的 POS 机及支付软件收付款难以满足日益增长的商户需求。天津农商银行将根据当前聚合支付业务的发展现状，开发迎合广大农村金融市场需求的产品，利用天津农商银行在农村地区网点覆盖广、零售业务量大的地缘优势，让更多的人，尤其是农民和偏远地区有金融需求的人群享受到普惠金融带来的便利。

严格把控支付风险，建立完善互联网金融风险管理机制

　　在推动金融创新的同时，天津农商银行严格把控支付风险。一是加强风险监测系统建设。建立反欺诈风险预警系统，针对"吉祥生活" APP 撞库、账户盗用、异常转账、异常登录、异常注册、异常缴费、"薅羊毛"等情况制定风险规则，屏蔽交易风险，保障用户的金融财产安全。二是积极落实监管政策。认真履行中国人民银行办公厅《关于加强条码支付安全管理的通知（银办发〔2017〕242号）》与中国人民银行《关于印发条码支付业务规范（试行）的通知（银发〔2017〕296号）》文件要求，加强小微商户管理，严格遵守商户实名制、商户风险评级、交易风险监测等基本规定，提升条码支付技术风险防范能力，强化条码支付受理终端注册管理。三是规范条码支付交易报文管理。采用数字签名、加密传输等措施，加强支付指令真实性管理，防范交易信息被恶意篡改或隐匿。在交易报文中准确记录发起方、接收方、网络路由等信息，采用唯一交易流水号、受理终端编码等，保障资金的可追溯性和支付指令的一致性。进一步完善付款方、商户、渠道、订单等方面交易信息，精准

刻画交易全貌，确保支付指令的完整性。

　　天津农商银行将着眼未来，继续发扬创新精神，坚持做到"想在客户之前，动在同业之前"的发展思路，在产品创新、风险把控及数据服务上狠下功夫，力争走在互联网金融创新业务最前沿，为天津市实体经济和普惠金融的发展贡献一分力量。

希望金融助力农业转型

新希望慧农（天津）科技有限公司

希望金融是农牧巨头新希望集团旗下的互联网金融平台，专注于农村互联网金融服务，致力于为"三农"、小微企业及优质农户提供低成本、高效率、安全可靠的借款渠道，同时为广大机构、个人等投资者提供安全、专业、高效的出借渠道。

除提供金融信息服务外，希望金融还利用自身在农牧行业的专业知识，开发了"养鸡助手""猪盈利"和"望望先花"等辅助农民提高生产效率和交易效率的互联网工具。

目前，希望金融已经基本跑通了整个"三农"服务生态圈，大量的服务已经正式开通并获得了农户的认可。

农村互联网金融不仅具有重大的商业价值，而且具有"城市反哺农村"的社会价值。希望金融始终坚持认为，农村互联网金融不适合"挣快钱"，它更需要有担当、有情怀的企业踏踏实实地为农民提供服务。

农业规模经营已然成了一个大趋势，资金需求随之增长。如果不能及时找到资金，就意味着生产活动延期。基于大数据以及移动互联技术，希望金融的借款用户从发起融资申请到完成融资，最快可在2个小时内完成，未来的目标是在30分钟内完成整个过程。而且，希望金融的借款流程均可在网上完成，互联网技术真正做到了将金融服务深入田间地头和生产一线。这对于身处熟人社会的农村借款人来讲，希望金融真正为他们做到了"三省"——省事、省力、省面子。

经过三年的稳健发展，希望金融已经在山东、河南、安徽、河北、山西、四川、重庆等十多个省市布局分公司及业务中心，通过发放单笔不超过6万元的小额贷款，已成功助力数万个家庭脱贫致富。2018年，希望金融将继续在全国进行农村金融布局，预计"三农"业务中心及分公司的布点超过100个，覆盖超过2 500万人的人群区域。

在实现自身商业可持续的同时，希望金融将依托新希望的产业优势继续深耕农村互联网金融，用实实在在的行动履行平台的社会责任，满足"三农"经济主体对于经营性借款的需求，促进城市反哺农村，让金融助力实体经济。

目前，农村金融正在成为一个大风口，希望金融的优势是熟悉农村、农业和农民，具有先行优势，而且对"三农"生产和消费场景深度了解。若能合理利用互联网金融在城乡资金融通信息中介服务方面的优势，将其作为对传统财政和政策性金融在扶贫开发中的有益补充，将能大大提升扶贫的效率和精准对接效益，助推各地方政府顺利完成"摘帽销号"的精准扶贫既定目标。希望金融将积极履行自己的社会责任，主动承担起金融精准扶贫的光荣任务。

案例：6万元助破产富翁东山再起

老秦是山东德州人，头脑灵活又肯吃苦，先后做过建筑和挖掘机生意。凭着一股子敢拼敢干的韧劲儿，他很快挣到了近200万元的身家。俗语说"钱能壮人胆"，腰包鼓起来后的老秦胆子更大了，他决定转行养猪，因为他相信这是一个能给他带来更大财富的行业。

他先是租了30亩地，建了2栋现代化猪舍。但由于缺乏养殖经验和行情波动等原因，老秦养猪后不仅没赚到钱，还欠下了外债。由当年村里响当当的富翁变成人见人避的"负翁"，老秦已然成了村里、镇上远近闻名的"欠债大户"。

老秦并不甘心就这样半途而废，认真总结经验和教训后，想要东山再起。但他借遍了亲朋好友，大家已经不愿意相信他，没有人愿意再给他提供资金支持了。他也尝试过银行和信用社的贷款，均由于抵押物不满足要求被拒之门外，可以说他已经到了山穷水尽的地步。

在这种情况下，老秦抱着试试看的态度找到了希望金融。希望金融业务人员去他家实地考察之后，给出了一个非常实用的建议——养新希望的合同猪。老秦已经有了规模可观的现代化猪舍，他失败的原因主要是市场行情不好和养殖经验缺乏，而养殖新希望的合同猪可以同时解决这两个难点。

新希望六和的"公司+农户"合同代养模式中，农户只需要提供场地，猪场的规划设计、猪苗、兽药、疫苗、饲料和技术都由新希望六和负责，对农户而言，每头猪都有保底利润，这样农户既不用承担市场风险，又极大地减小了养殖风险。

老秦认真了解了新希望六和的"公司+农户"合同代养模式，很快就决定养新希望的合同猪。希望金融在经过一系列严格的风控审核后，也决定接受这位借款用户的申请，为其提供养殖过程中所必需的流动资金。

老秦第一次在希望金融借了6万元，使用期限为6个月。这6万元作为合同猪的押金，老秦从新希望六和那里获得了600头猪苗以及饲料和疫苗等必需的生产资料。由于获得了新希望的技术支持，老秦这批猪养得很成功，新希望六和顺利地回收了这批生猪，并很快归还了老秦的6万元押金，老秦每头猪可以赚到120元的利润，600头猪共计赚了72 000元。

老秦高兴坏了，拿到新希望六和返还的6万元押金和72 000元代养收益后，提前20天归还了这笔借款的本金和利息。由于信用良好，老秦很快拿到了第二笔借款。

老秦的第二批猪养得比第一批还要好，一年一共养了1 800头，平均每头猪的利润为120~150元，一年的净利润近20万元。

经历了由白手起家到百万富翁再到一无所有甚至负债累累，老秦说最艰难的时候他曾想到了自杀，一了百了。希望金融给了他希望，让他觉得生活还是有奔头的。

随着农村经济的发展，像老秦这样想要扩大生产规模的农民越来越多，农业的规模化经营已然成了一个大趋势。但一个突出的问题是，农业规模经营主体的资金需求远远高于普通农户，农业规模经营要健康持续发展，必然需要金融作为后盾。

而在现有的农村金融体系下，传统金融机构审批流程长、放款效率低，整体上资金供应不足；民间借贷规模小、合规性差、不确定性高。对于农民尤其是致力于发展规模经营的农民来说，金融服务的可获得性就成了一个难题。而希望金融正是利用自己的优势，为广大农民提供了这样一个获得金融支持的有效路径。

大连银行天津分行支持实体经济发展

大连银行股份有限公司天津分行

大连银行天津分行于2007年7月19日正式营业。自成立以来，大连银行天津分行始终以"支持地方经济、扶植中小企业、服务天津市民"作为市场定位，坚持稳健经营、锐意进取，陆续开设全功能营业网点11家，覆盖市内六区、滨海新区、天津自贸区及市内各经济热点地区。

随着服务半径的不断扩大，大连银行天津分行综合实力逐步增强，各项经营指标连年攀升。十年间，该行资产规模增长了近10倍；各项存款余额增长了13倍；拨备前利润年复合增长率达到209%。

大连银行天津分行自成立以来，始终坚定支持实体经济，深刻融入天津市经济命脉当中，已累计为天津社会经济发展投入资金1 200多亿元，为泰达集团、融创集团、团泊集团等骨干企业的发展提供了资金保障。

在支持大中型企业发展的同时，分行对小微企业融资业务也采取了高度重视，成功投产"天使贷款""无形资产质押""贷投联动"等创新产品，已累计为数千家科技型中小微企业融资近200亿元。

2015年，天津自贸区正式成立，大连银行天津分行抢抓机遇，深入调研，陆续与多家自贸区优质企业达成合作意向。目前，分行已累计为自贸区企业投放资金近30亿元。

案例1

天津某股份有限公司，2000年成立，主要从事汽车热交换系统、冷却模块产品的研发产销。其生产的暖风产品连续七年全国销量第一。

2013年，企业出现资金紧张问题，大连银行天津分行结合企业经营特点，以商标权质押担保的方式向企业提供信贷支持2 000万元，有效缓解了企业资金紧张的问题。

自2013年起，大连银行天津分行已累计向企业及关联企业投放信贷资金1.9亿元。在后续合作中，还积极帮助企业设计授信方案降低经营成本，如将抵押期限延长至3年，缩短了每年倒贷的时间，节约了人工和时间成本；在授信业务之外，还为企业提供代发工资服务。

案例2

天津某股份有限公司，2000年成立，主要生产电气化铁路产品、地铁轻轨等轨道交通产品、国网电力产品。目前，该公司在高速铁路开关类产品市场中占有率行业排名第一。

企业自2009年8月与大连银行天津分行建立合作关系。2011年7月，甬温线重大铁路事故突然发生，企业的业务受到影响，当年的经营收入大幅下滑。大连银行天津分行在企业经营最困难的时候提供了增贷支持，让企业能够全心全意运用自身的技术能力在困

境中沉心科研、转型
发展、拓展市场，成
功开发了地铁和电网
业务板块。目前，该
企业经营收入不断提
高，在2016年完成新
三板挂牌。

2015年至2016年，
企业进行了多次增
资、定向增发业务，大连银行天津分行为企业开通绿色通道设立验
资账户窗口，服务全面、及时、快捷、高效，保障了企业定向增发
业务的顺利进行。此外，大连银行天津分行还为企业提供了保函等
多项金融服务，为企业的经营创造了良好的融资服务环境。自2011
年以来，大连银行已累计为企业及关联企业信贷投放1.41亿元。

案例3

2016年3月，大连银行天津分行为国内某知名地产集团提供项
目开发所需资金。项目预计4月10日放款，但是企业因为内部运营需
要，临时提出必须3月底前放款。

大连银行天津分行客户经理急客户之所急，立即启程赴西安驻
点一周，完成了信托公司从业务团队到风控人员的沟通合作，最终
在3月30日给客户放了款。

客户的点滴信任正是从一次次为客户解决实际问题中积累起来
的，这种信任是对业务团队的，更是对大连银行天津分行的。

专题二
从业机构金融创新案例

- 易生金服致力推进金融创新
- 华夏保险：创新铸就奇迹
- 宜信租赁开创奶牛"活体租赁"先河
- 天津信托积极探索新形势下消费信托模式
- 绿盾征信创新服务城市信用建设

易生金服致力推进金融创新

易生金服控股集团有限公司

易生金服控股集团有限公司（以下简称易生金服）是海航集团核心产业集团海航旅业旅创平台旗下金融控股企业，旗下拥有易生支付、华势科技、通汇货币、易生小贷、新生中彩五大核心成员企业，是一家集旅游支付、旅游金融、旅游增值服务于一体的中国旅游金融服务集团。

习近平总书记在党的十九大报告中指出"中国特色社会主义进入新时代，我国社会主要矛盾已经转化为人民日益增长的美好生活需要和不平衡不充分的发展之间的矛盾"。随着社会消费结构的升级和人们生活水平的提高，人民群众对金融的需求呈现出多元化、专业化、多层次等特点，尤其是年轻一代群体更加强调金融服务的便捷性和智能化。

为了更好地服务实体经济，落实普惠金融，满足社会对金融服务的多层次需求，易生金服作为世界500强是海航旅游集团的全资控股公司，公司定位于"旅游+金融"的战略发展方向，以旅游实体产业为基础，以金融创新科技平台为媒介，积极践行金融产业服务实体经济的发展模式。

针对航旅企业金融业务专业性不强、申请牌照难度大、产品碎片化等一系列问题，易生金服深入了解航旅行业痛点，聚焦B端、C端客户需求，整合线上线下资源，加速金融创新发展，全力打造旅游支付、旅游金融及旅游增值服务三大业务板块。其中，旅游支付板块依托丰富牌照资源，围绕境内外旅游出行前中后的各式支付场景，提供线上线下支付服务，业务覆盖预付卡发行与受理、收单、互联网支付、移动支付等；旅游金融业务围绕境内外旅游出行前后的融资贷款和理财需求，为客户提供信贷、理财、供应链金融等多层次的旅游金融服务；旅游增值服务业务为客户提供旅游前中后的个人本外币兑换、退税、商户优惠、积分服务、彩票等服务。

当前，易生金服旗下核心企业易生支付、通汇货币、易生小贷三家企业均落户天津，在当地有关政府部门的监督和支持下，各家企业均获得良好发展。易生金服旗下易生支付是全国范围内首屈一指的全牌照第三方支付企业，截至2017年末，易生支付收单业务年清算规模已近万亿元，排名银联非银行收单机构前10名。易生支付专门面向航旅市场推出了机票通产品，目前已接入11家航空公司，完成携程、去哪儿、同程、途牛、航班管家等主流OTA交易通道切换。同时，易生支付还推出了聚合支付产品"收款啦"，现该产品已覆盖全国40余万商户，包括传统大中型零售企业、连锁、快消、餐饮、娱乐、医疗等领域，易生支付还在积极拓展更多消费场景，如提供高铁移动支付、改良机场逾重行李收费方式、打造校园支付方案等。易生金服旗下通汇货币在全国范围内拥有29家网点，货币兑换量位居国内前三甲，目前通汇货币推出了O2O货币兑换和线上退税业务，用户通过线上平台提交兑换需求后，即可前往通汇货币门店或指定网点提取货币；同时，通汇货币线上退税业务覆盖了欧洲7大退税集团，可受理30个国家的退税发票。

以整合旗下多元业务资源为基础，易生金服还将重点打造核心产品"易乐付"，该产品以"易"为核心推出出行、生活缴费、消费信贷、货币兑换、保险等便民金融服务；以"乐"为核心打造趣味游戏、彩票、积分兑换、娱乐服务板块；以"付"为核心为用户提供移动支付、二维码支付、预付费卡、电子旅支以及跨境汇款服务，以切实满足用户的全方位需求。

自成立以来，伴随业务稳步发展，易生金服获得了市场各方的关注和认可。2018年1月，易生金服获得北京金博会颁发的"卓越成长性互联网金融企业"荣誉；2017年12月，易生金服跻身"2017胡润大中华区独角兽指数"百强名单；2017年11月，易生金服旗下易生支付荣获第九届金融科技与支付创新"第三方支付优秀奖"；2017年9月，易生金服被国内知名评级机构联合信用评级为AA评级；2017年6月，易生金服旗下通汇货币获2017年度中国旅游业界奖"最佳货币兑换公司"荣誉称号。

　　为了推进公司进一步发展，促进金融创新，打造优质金融服务品牌，易生金服将继续遵循"三位一体""四网合一""五环并进"的核心发展规划路径，通过整合自身旗下五大核心品牌，业务内容围绕行前、行中、行后的各项需求，打造"旅游支付+旅游金融+旅游增值服务"三位一体的开放服务平台；积极筹划海外收购布局，拓宽境外业务服务范围及渠道，掌握多元商家资源，提升优质增值服务，完善境外金融支付的核心服务网络，探索打造"国际支付网络+国际金融网络+货币兑换网络+旅游增值网络"四网合一的核心服务网络；针对不同发展阶段的不同发展需求，易生金服还制定了"五环发展"策略以及对应的重点工作，从整合自身平台资源推出集合型钱包产品（第一环），到协同海航旅业集团资源推出联名服务产品（第二环），到专注全国旅游行业打造开放式的旅游金融服务平台（第三环），乃至构建金融支付网络（第四环），到配合"一带一路"建设及"人民币国际化"打造具有亚洲特色的国际金融支付品牌（第五环），五大环发展策略环环相扣，各环节重点工作同步推进。

　　在"互联网+"时代，金融创新已成为社会必不可少的重要发展动力之一。虽然发展过程中有各种各样的问题，但我们相信通过政府、行业、从业机构的共同努力，可以为金融创新创建一个良好的发展环境。易生金服将在政府部门的监管和引导下，积极探索支付、金融等创新科技领域，升级风险控制体系，为用户提供更加便捷、高效、安心的服务，让用户真实感受到金融科技和创新带来的"美好生活"。

华夏保险：创新铸就奇迹

华夏人寿保险股份有限公司

华夏人寿保险股份有限公司（以下简称华夏保险），于2006年12月经中国保监会批准设立，注册地位于天津市滨海新区于家堡中心商务区，是一家全国性、股份制人寿保险公司。目前，公司注册资本金153亿元，总资产近5 000亿元，人员队伍30万人。

2012年，华夏保险保费收入仅85亿元。从2013年起，华夏保险确立了"规模先行、结构跟进"的发展策略，短短几年，迅速崛起于中国保险市场，演绎了业界瞩目的"华夏速度"。2013年，公司实现总保费372亿元，同比增长337%，超过前六年之和，市场排名第九；2014年，实现总保费715亿元，同比增长92%，市场排名第七；2015年以来，公司年度保费收入连续保持在1 600亿元以上，并连续三年跻身市场前五，建立起市场瞩目的业务基础、队伍实力和经营管理架构。2017年，公司实现总保费收入1 715亿元，市场第五。

2017年，寿险行业开始进入全面转型时期，回归保障，贯彻"保险姓保"成为行业共识。华夏保险顺应监管导向和市场形势，适时提出"1212"新战略，确立了"聚焦期交，提质增效，创新驱动"的发展策略。截至2017年末，公司原保费收入870亿元，同比增长91%；个险新单标保突破150亿元，市场排名第七；银保期交211亿元，市场第一。至此，华夏保险已经崛起成为第二梯队领军企业，并逐渐成为具备自我造血、自我发展能力的一流保险公司。

短短几年，华夏保险走过了业界同行用几十年才走完的道路，创造了中国保险业的一个奇迹。如此奇迹又是怎样创造的？追根溯源不难发现，"华夏速度"背后，创新是最大的原动力。

好产品缔造"王者荣耀"

华夏保险实施"产品创先"战略，创造性提出五大方针："渠道差异区隔化""服务嵌入生态化""战略客户定制化""理念创新跨界化"和"包装格调清新化"。在战术层面，公司将产品设计与渠道定位、客户性质、服务方式、经营理念等要素相结合，精准定位不同客户，既避免了与主流企业产品的同质化竞争，又避免了与中小企业的恶性费率竞争，以独特优势树立了"好产品在华夏"的卓越口碑。

华夏保险始终坚持"客户利益至上"的核心价值观，秉承"简单""极致"的产品设计理念，提供市场上最好的产品。在保险费率市场化的大背景下，公司在产品定价方面先行一步，最大限度地让利于客户，并树立了"福临门""常青树"两款口碑极好的主力系列产品，为数百万客户及家庭建立了良好的保险资产规划。

为了解决人寿险和健康险产品一直以来"责任与条款烦琐复杂"的痛点，华夏保险的产品条款设计简单、理解容易，尤其在一些客户的重点需求方面尽力做到极致，减少了销售误导或理赔纠纷，给客户带来良好体验。

华夏保险提供了相当丰富的拓客产品，覆盖两全、意外、短期母婴疾病保障等相对单一的客户需求，包括"华夏福""护身福""守护神"和"母婴宝"等产品，费用较低，有效实现了获客。

针对主流客户需求产品，公司从费率、保障范围等多方面综合考虑、深入设计，已经在市场上形成了独特的优势。如"常青树+医保通+爱相随"是"重疾险+医疗险+定期寿险"的组合，涵盖从重疾轻症、医疗报销到终身给付，科学搭配、责任互补，适合人群广，充分满足了客户日益增长的对健康生活全方位保障的需求，在产品市场上独一无二。又如"常青树+福临门"是"重疾险+年金险"的组合，重疾轻症全面保障，安全可靠稳健增值，全面覆盖客户的子女教育和大病医疗两大主要难点。

好服务引领"全微时代"

华夏保险实施"移动互联"战略，先后推出微信投保、微信核保、微信保全、微信理赔、微信回访等服务，打通线上闭环，成为中国首家实现"服务全微化"的保险企业，引领中国保险"全微时代"。

投保是保险业务的首要环节，是客户接触保险公司服务的第一印象，高效的投保和承保流程，是保险公司运营和服务实力的具体体现。但是在寿险行业，长期以来，客户投保需要大量的纸面操作和等待环节，平均承保时效2~5天。

2015年，华夏保险推出微信投保工具。客户通过微信收取营销员发来的投保链接，独立进行在线投保、核保、交费，只需操作六步即可完成投保，平均承保时效7.8分钟。

相比传统投保方式，微信投保无须下载安装APP，在场景销售、沟通、操作使用方面具有天然优势，便于在营销员和客户群体中广泛推广。微信公众平台的标准化开放接口，也节省了大量的开发成本和时间成本，后续的功能版本得以快速迭代。

微信投保工具备受客户欢迎，2015年上线当年，华夏保险微信承保率即达84%，2017年升至88%，到2018年3月，已达97%，也就是说，绝大部分客户都是通过微信投保。

华夏保险近30万名营销员队伍，微信投保工具使用率高达100%。与此同时，微信投保工具也带来营销员人均产能的显著提高，2017年上半年，活动人均标准保费较2016年上半年提升26%，人均承保件数较2016年提升18%，提升幅度为近年来最高。此外，微信投保还大幅节省公司成本，2016年节省投保成本130万元，2017年节省约1 000万元。

微信核保，指的是如果客户提交投保申请后，自动核保未通过，可以通过微信提交核保申请。核保流程全程透明，大幅减少客户等待时间，其中问题件和核保函的处理时间分别从原来的3天和6天，缩短为2小时。

投保成功以后，客户信息与华夏保险微信服务号自动绑定，客户即可在华夏保险微信服务号享受微信保全、微信理赔等后续服务。

微信保全指的是将OCR智能识别、电子单证等技术运用到保全审批业务中，替代人工作业。目前，华夏保险已上线22项微信保全功能，满足客户常见保全功能的业务需求。对于客户来说，通过微信保全，可以显著提高效率，省心省力。对于华夏保险来说，也降低了作业流程中各环节对人力的需求，有效缓解了业务量与人力不匹配的矛盾，降低审批业务量约50%，人均产能提高约43%。

华夏保险的微信理赔服务，涵盖微信报案、理赔申请、进度查询等11项功能，实现客户足不出户办理赔、随时随地了解理赔进度、理赔服务全流程透明公开。不仅如此，微信理赔还简化了客户理赔申请手续，节约了申请理赔的时间成本，提供了良好的理赔服务体验。

以华夏保险首个微信理赔案例为例，2016年10月1日，安徽高某因车祸抢救无效死亡，身前曾投保华夏"护身福"两全保险（2014），2016年12月16日，其妻子使用微信理赔服务，通过"身份验证、填写理赔申请信息、上传资料"简单的三个步骤，仅用2分钟便完成了理赔申请，1小时内便收到了结案短信通知，3个小时左右，100万元理赔款迅速到账。

《众创传家管理办法》

对于寿险公司来说，个险业务能够带来长期稳定的现金流，决定公司基业长青。而个险业务的增长，一方面在于营销员队伍的扩张，另一方面在于营销员产能的提升。因此，如何吸引优秀的营销员加盟，并激励营销员提高产能，一直是各大寿险公司高度重视的问题。华夏保险《众创传家管理办法》，凭借"众创传家"的创新理念，成为个险领域的开山之作，对华夏保险个险渠道跻身第二梯队领军企业发挥了关键作用。

在华夏保险内部，《众创传家管理办法》也被称为"新基本法"，其最大的亮点是在业内首次提出"四大权益"，让保险代理人真正成为自主创业者。

首先是客户承接权。从业人员解约后，其全部客户及续期利益将由符合条件的增员人承接，促使从业人员从关注当期销售利益转向重视长期客户经营，通过优质服务与客户建立稳定联系，进而使客户资产保值增值。为此，公司需要加大续期投入，但从业人员的收入和留存将得到提升。

其次是独立经营权。经过总公司审核的执行总监和首席总监可获得所辖团队的独立经营权。公司在适度的管控下给予独立总监最大的经营权限，使创业者最终成为拥有自主经营管理权的寿险企业家。

再次是客户传家权。从业人员在华夏保险签约服务满8周年，退休后其个人和承接的全部客户及续期利益可以由其配偶或子女继承。把客户资产传给继承人，让一生的创业成果得以传承延续。

最后是团队传家权。连续任区域总经理及以上职级满8周年的主管，退休后可以将团队传给自己的配偶或子女；若没有满足条件的继承人，则由公司指定人员继承，退休人员继续享受原所辖团队产生的管理利益的50%直至终身。

除此以外，"新基本法"在利益设计方面还有更多行业首创。例如，创业奖金终身制。目前行业通行的新人责任津贴政策一般都是12个月左右，最高不超过18个月。华夏保险是第一个做到创业奖金终身制的公司，销售精英即使不走组织发展路线，也可以获得终身奖励。这对初创人员来说，吸引力极大。

在管理层提奖比例上，华夏保险也加以改进。组织利益作为主管层的主要收入，提奖比例直接关系到主管的收入水平，华夏保险"新基本法"把核心组织利益奖项提奖比例做到市场最高，保证绩优团队和绩优人员的收入最大化。

不仅如此，"新基本法"还为满足条件的从业人员提供一系列福利保障，具体包括：意外身故、疾病身故、住院医疗、意外伤害医疗、养老公积金、社保补贴、长期服务奖、关爱基金等，全面提升创业者的福利待遇。

对此，业内专家表示，"在众多行业中，保险业一线从业人员流动相对频繁。华夏保险提供了业内最好的创业机制，有利于代理人队伍的稳定，并充分激发代理人的创业积极性，有利于做大、做强、做久。华夏保险的这一创新也必将对困扰行业多年的保险代理人体制改革产生积极影响。"

"新基本法"自2016年7月1日起实行，当年下半年累计新增上岗11.5万人，规模人力达到20万人，促成个险业务的3倍增长，为公司当年业绩增长贡献了巨大力量，也给业内带来了深远的影响。

《众创传家管理办法》是中国保险业首部将企业家精神落实到制度层面的基本法，堪称管理创新的优秀范例，推出以后，"众创传家"的团队建设理念引起同业公司竞相学习和讨论，显著提升了华夏保险的品牌知名度，成为事件营销的成功范例。

总结与展望

2017年5月，中国保险学会联合复旦大学共同发布了《中国保险科技发展白皮书（2017）》，梳理了未来影响中国保险行业发展的十大重要科技：区块链技术、人工智能、物联网、云计算、大数据、车联网、无人驾驶汽车、无人机、基因检测、可穿戴设备。牢牢把握新技术革命和新兴产业萌发的历史契机，加快形成以信息化技术为重要特征的保险创新体系，成为保险企业必须致力的工作。

华夏保险突飞猛进的五年，是创新驱动的五年，依靠科技创新彻底改变现有产品形态，简化业务流程，压缩运营成本，提升客户体验，实现技术驱动业务的持续增长。同时依托管理创新，逐步实现组织结构创新型、管理成本集约型、前线队伍服务型、后线队伍专家型、组织内部交易型和服务链条生态型的科学管理模式，提升人均产能，实现业绩飞跃。

功成名就，实至名归。近年来，华夏保险在业务、产品、服务、品牌、公益等方面，荣获一系列重大奖项和荣誉称号，如"亚洲品牌500强"、北京市"青年文明号""值得信赖保险公司方舟奖""卓越竞争力保险公司""卓越竞争力财富管理机构""优质客户服务保险公司""杰出保险客户服务奖""服务创新奖"等。

在国家和监管部门推行一系列利好政策支持保险创新发展以及新技术日新月异的形势下，科技创新、管理创新大有可为。华夏保险将在前线队伍、后线队伍、组织内部、服务链条等方面深入探索，不断加深云计算、人工智能、大数据等新技术在业务中的融入，加快业务转型，降低运营成本，致力提质增效，开创"华夏速度"的新时代。

宜信租赁开创奶牛"活体租赁"先河

宜信惠琮国际融资租赁有限公司

> 宜信惠琮国际融资租赁有限公司（以下简称宜信租赁），2012年成立，是经商务部批准成立的中国第一家专注为小微企业和个人消费者提供服务的融资租赁公司，隶属于中国知名的普惠金融、财富管理及互联网金融旗舰企业——宜信公司。
>
> 宜信租赁产品定位于农业装备行业、乘用车行业、城市连锁消费行业的金融服务及全产业链融资解决方案，立足小微，服务农户、工薪阶层和小微企业主群体，可为设备生产商、代理商和终端用户提供直接融资租赁、售后回租融资租赁、委托租赁投资等一揽子融资租赁解决方案，以标准化的小额租赁产品、创新的业务模式，满足小微人群的设备融资需求。

2015年，宜信租赁与河北滦县军英牧场达成合作，为牧场的200头泌乳牛办理了售后回租业务，标志着宜信租赁"活体租赁"项目正式启动，也意味着融资租赁业内首单"活体租赁"顺利落地。

"活体租赁"是相对于普通租赁而言的，一般情况下，常见的融资租赁标的物（租赁物）是冷冰冰的、机动化的农机、汽车、飞机轮船等设备仪器，而"活体租赁"的特殊之处就在于租赁物具有生物学属性。在此之前，融资租赁行业内还没有任何一项业务的租赁标的物是活物，而奶牛"活体租赁"让从来没有"心跳"的金融业务有了跳动的"脉搏"。

金融创新加速现代化养殖设备升级

宜信租赁成立于2012年，作为融资租赁行业的新军，专注小微企业，定向服务于中国的小微企业主和个人消费者，扎根的是大型融资租赁企业自动"屏蔽"的农机设备、医疗美容和牙科器械等小微设备租赁市场，业务领域涉及农业装备行业、生物资产、连锁消费行业等各类生产工具，为有设备购买需求但资金匮乏的小微人群提供有别于传统金融机构的融资服务，也就是小微融资租赁。

敢于将活的生物资产作为租赁标的物融资，是金融业务的创新，其出发点则是基于用户需求，帮助更多奶牛牧场解决融资难这一普遍性问题。

2014年11月，宜信租赁农机项目团队在对军英牧场进行融租尽职调查时发现，河北唐山地区奶牛养殖市场存在大量的经营资金需求。据测算，唐山地区500头以上规模的养殖企业约为550家，仅用于奶牛购买的资金需求量就超过2.4亿元，这还不包括人员及一些日常的维护管理费用。与此同时，当地金融机构所提供的融资产品均因缺少抵押、担保，难以满足市场需求。在宜信租赁"活体租赁"项目没有落单之前，大部分奶牛养殖牧场都只是抱着试一试的心态去挤传统金融机构或者民间借贷这座融资独木桥。因此，很长时间里唐山地区的奶牛养殖企业只能空守着自己的一片小牧场，望"牛"兴叹。

2014年底，宜信租赁在了解军英牧场的经营状况之后，认为它确实是一个成熟的现代牧场，在日常经营管理各方面都已经非常到位。军英牧场负责人欧阳夫妇在奶牛养殖行业有20多年的从业经验，已经是3家现代化牧场的主人，拥有4座挤奶大厅，存栏奶牛5 500头，年产鲜奶近20 000吨。然而，即便是今日的土豪"牛"人，提起7年前的三聚氰胺事件，也记忆犹新。三聚氰胺事件虽然导致舆论和公众对乳业整体产生信任危机，并且至今难以恢复信心，但庆幸的是，作为奶牛养殖业和乳业发展的转折，这一事件也迫使奶牛养殖业通过产业升级谋发展。正是由此开始，传统的奶牛养殖模式从最初的个体散养转变为规模养殖场，直到今天的现代化养殖牧场。

欧阳夫妇表示，牧场进行现代化升级，牛场改造、设备更新、全株青贮、牛室更新换代，都卡在资金问题上。但银行贷款贷不来，因为没有认可的抵押物。一般牧场都是租赁国家林场的土地，虽然拥有这么多牛，但是因为是活物，没有被认可的抵押物，所以贷款抵押特别难。

如果说了解用户心底的真实需求很困难，那么了解之后满足这种需求则难上加难。实际上，无论是河北滦县这样的养殖业发达县域，还是内蒙古的大型牧场，畜牧养殖企业对资金的需求都面临相同的难题：牧场融资量大，但缺乏成熟的资产做抵押物。就连有实力的牧场主也只能凭借个人名下房产、车产，在银行获得少量贷款，或通过联保形式获得一笔额度极小的贷款。

通过宜信租赁"活体租赁"这一创新融资模式，军英牧场巧妙地盘活了一部分生物性资产，获得经营资金后，不仅解决了牧场牛舍扩建和青贮饲料的难题，在按期还款的同时还能继续养殖并获得租赁标的物（200头泌乳牛）带来的收益。

对此，欧阳夫妇的评价是："设备租赁这种融资方式手续简单，不求人、不用外面跑着去贷，特别方便！"而且用户是这么算账的：原本买机器是要一次性付全款的，现在这样租赁就能富余出不少流动资金来，及时缓解了牧场的资金紧张。那部分富余的钱已经用来买奶牛和改造牛场了。

风险把控开创行业先河

相比飞机、轮船等传统的融资租赁物来说，生物活体的融资租赁项目操作起来有诸多不确定的因素。宜信租赁"活体租赁"项目从了解用户需求，到项目可行性调研，再到立项、审批，直至最终项目落地，经历了长达8个月的时间。

奶牛养殖业虽然是朝阳产业，但风险管理难点却一个也不少，宜信租赁总经理毛芳竹总结了奶牛养殖的几大风险点：一是市场性风险。受鲜奶收购价格波动，且鲜奶收购未采取政府保护措施，加之进口牛奶对国内市场的影响，在一定程度上影响着奶牛养殖企业的利润。二是经营性风险。例如，由于收购企业倒闭或养殖企业出现重大产品质量问题形成的销路断链，就将导致经营风险。三是重大疫情风险。如口蹄疫等疾病，尽管养殖企业绝大部分投保了重大疫情险，但仍面临先行承担损失的风险。四是国家土地政策改变带来的不确定性风险。由于部分养殖户的经营场地均租住当地国有林场土地，尽管期限较长，但面临林场改制、提前收回土地等不确定性风险。

"活体租赁"项目展开前市场上没有这方面的先例，对活体融资标的物如何管理、如何折旧等方面没有经验可借鉴，这是做活体租赁的难点所在。多看到一个风险，就会排除一个隐患，风险都找到了，创新产品设计也就可以对症下药。应该说，"活体租赁"项目不仅是融资租赁行业的一次业务颠覆，也是宜信租赁深耕小微信用体系10多年在风控技术上的又一次大胆尝试。

针对"活体租赁"项目存在的风险点，宜信租赁从客户历次融资情况、业务实施难点、贷后管理特殊性等不同角度，通过不断了解奶牛行业发展及政策方向，多次下户实地探查军英牧场的实际经营状况及其上下游企业合作情况，最终在综合分析其财务状况的基础上，对军英牧场未来的市场营收作出了科学评估。宜信租赁为军英牧场提供6个月售后回租期的200头泌乳期奶牛，融资额为100万元。同时，通过对比与传统租赁物的差异，再结合伊利乳业对下游牧场合作的评级标准，宜信租赁引入奶牛财产保险保护机制，在防控风险的同时避免了奶牛的折旧问题。由于军英牧场按月还款，账面上租赁物的价值越来越低。其间，200头奶牛如因健康等问题有损失，军英牧场将用其他奶牛补偿。至此，"活体租赁"创新项目方落单放款。

对于项目融资体量偏小的问题，宜信租赁的出发点是这样的：一方面，为了分散风险，规定单户融资额不超过宜信租赁注册资本的5%，避免单一客户风险集中度过高；另一方面，一个产品成熟要经过一个生命周期，"活体租赁"项目会有3个月左右的观察期，经历过一个完整的周期后，会再继续推进和规模化铺开。

从业务创新到农机金融全产业链解决方案

近年来，得益于不断深化的土地流转政策和农牧业机械的普及，以东北三省和内蒙古为代表的粮食主产区的农机覆盖率已远远高于全国平均水平，农民们更青睐作业效率高、故障率低的中高端农机，但唯一的困难便是购机资金匮乏，因而金融"活水"对"三农"的灌溉将会越加关键。

在宜信租赁的业务实践中，宜信租赁一直在持续地关注每年的中央"一号文件"和"三农"方面的各项政策，根据政策导向把更多普惠金融资源配置到农村经济发展的重点领域和薄弱环节。通过模式创新，率先在农业机械行业开展面向农民的小微农机融资租赁业务，围绕各种"生产工具"（农机设备）开展农机融资租赁业务，与千家国内外知名农机厂商、经销商建立合作关系，将租赁模式引入农机销售领域，帮助农民、新型农业经营主体等购机资金匮乏的"三农"群体，以较少的首付资金更便捷地购买农机，租赁的农机设备覆盖农业生产耕、种、管、收、烘干、储存和加工的全流程、全产业链，为近万名用户提供农机租赁服务，涉及农机设备约14大类180种，基本实现从"田间"到"餐桌"的全产业链业务覆盖。农机租赁服务受到了东北地区、内蒙古、山东、河北、安徽等粮食重要产区农户的一致好评。

事实上，在看到机械化给农业生产带来的显著变化时，宜信租赁不仅仅关注农民购机的资金短缺问题，也在密切关注农民在购买养殖、种植等生产资料的资金短缺问题。从购买生产资料的小额信贷产品、购买农机的融资租赁产品，到保障农机手人身和机器安全的保险咨询服务，甚至是合作社的信息化管理系统，农业生产链条上每个环节的资金问题，在宜信租赁都能找到相应的服务产品和解决方案。

"活体租赁"项目正是宜信农村金融全产业链上的重要一环，首单"活体租赁"项目不仅获得了当地主管畜牧业政府领导的高度认可，更寄托了他们的期冀："宜信租赁与军英牧场开展奶牛活体租赁业务是一个新生事物，解决了奶牛场的融资困难，特别是奶牛场融资需要提供担保手续特别烦琐的问题，在活体租赁业务中得了很好的解决。现在我们还有相当一部分奶牛场在转型升级中有这方面的资金需求，非常期盼像宜信租赁这样的金融机构来支持滦县的畜牧业发展"。

目前，宜信租赁的"活体租赁"项目已经经过三年的业务实践检验，产品风险表现优良，牧场业务先后在河北、山东等地的多家奶牛养殖牧场开展生物资产业务，到现在为止，已经为全国的200多家牧场提供了融资租赁服务，5万多头牛的生物资产登记在宜信租赁名下。此外，在为牧场提供青贮机械、挤奶设备融资同时，宜信租赁还在全国范围寻找牧场的合作伙伴，满足更多牧场主的装备升级资金需求。

天津信托积极探索新形势下消费信托模式

天津信托有限责任公司

天津信托有限责任公司（以下简称天津信托）由中国人民银行天津市分行创建，于1980年10月20日成立，并于同年11月1日正式对外营业，是国内最早成立的信托投资机构之一。2002年9月14日，经中国人民银行《关于天津信托投资公司重新登记有关事项的批复》（银复〔2002〕263号）批准，天津信托完成了重新登记。2009年6月，经银监会批复，公司名称变更为天津信托有限责任公司。2014年4月15日，公司注册资本金增加为17亿元人民币。

天津信托曾荣获《21世纪经济报道》等权威机构评出的"金融理财金贝奖"，即第二届"年度最佳风险控制团队"、第三届"年度优秀信托理财团队"；荣获天津银监局和天津市银行业协会授予的天津市银行业迎奥运优质服务年"明星服务机构"。

一、普惠金融下消费信托的发展背景

党的十九大报告描绘了中国特色社会主义进入新时代的宏伟蓝图。作为现代经济的核心，金融服务实体经济的能力是解决我国经济发展"不平衡不充分"问题的关键因素，因此普惠成为这幅蓝图的注解之一，是中国经济未来持续平稳发展的重要动力和源泉。各类金融机构着眼于国家经济建设大局，自觉承担"普之城乡，惠之于民"的社会责任，走出了一条普惠金融可持续发展之路。

随着我国居民消费观念的变化、国民收入水平和购买力水平的提高，以及互联网技术的飞速发展，我国的普惠金融市场在良好的政策和市场环境下，迎来了发展的黄金时期，并且正在逐步引领我国加速进入个性化、多元化、多层次消费的新时代。

消费信托作为我国金融创新的一种模式，源于金融实践的探索，是消费与信托在现有法律框架下创新的产物。在实践中，消费信托以其满足日常消费的特征区别于传统信托，其具有广泛的客户群体，在广纳社会资本进入信托领域的同时，为信托公司的其他信托业务提供信托资本，能够促进资本的良性循环，增强信托业的发展活力。消费信托通过"智慧信托"和"普惠金融"的理念，构建了新型的信托关系，将金融信用植入消费者权益和资金的管理，加强了对消费权益的保护，同时使消费具有金融属性，能够通过沉淀资金的集中管理获得投资收益，既降低了产业方运营成本，又能分担消费者的部分消费成本。

在这样的背景下，信托业大力发展普惠金融框架下的消费信托业务，使现代金融服务更多地惠及广大人民群众和经济社会发展薄弱环节，既有利于实现当前稳增长、保就业、调结构、促改革的总体任务，也有利于促进社会公平正义，具有积极的现实意义。

二、消费信托业务模式探索

天津信托·互联融易（2017大搜车租赁消费1号）集合资金信托计划用于受让浙江大搜车融资租赁有限公司（以下简称大搜车租赁）基于融资租赁协议而享有的相关收益形成的基础资产。这是天津信托携手全国知名的汽车交易服务商大搜车汽车服务有限公司旗下核心产品"弹个车"共建汽车融资租赁全新生态平台，所发行的首笔基于汽车"直租类"融资租赁业务的消费金融信托计划。此次合作也是天津信托实践创新发展、由传统信托业务向消费类金融市场转型、筹谋布局消费类信托业务的重要举措。

此信托业务是在互联网消费金融领域积累的经验基础上，进一步实质介入蚂蚁金服消费金融生态圈的尝试。形式上是向大搜车租赁发放贷款，实质上是天津信托以大搜车租赁平台及其征信系统为渠道，以信托资金直接试水汽车消费金融的"投资"业务。

（一）基础资产

"弹个车"业务是大搜车租赁基于自身在二手车处置方面的优势，联合蚂蚁金服推出的全新汽车直租类金融产品（以租代购），客户在大搜车租赁天猫店铺或车商微店点击购买，或在实体店铺中用支付宝扫描车身上的专属二维码购买；若通过风控审核，客户即可获得其专属的"弹个车"金融方案，包括预付租金、月供、尾款、期数等。如客户接受该方案，在完成在线签约、首付款支付（大搜车）等步骤后，大搜车租赁即将其车辆余款支付给经销商，大搜车租赁办理上牌、保险购买等工作后，客户即可提车。

基础资产为基于"弹个车"业务，大搜车租赁作为出租人，与承租人就标的车辆租赁等事宜签署的《融资租赁协议》项下对承租人和标的车辆享有的除首付租金之外的全部收益性权益，包括但不限于月付租金收益、违约金收益、补偿金收益、标的车辆的尾款收益、标的车辆的所有权处分所取得收益等。

（二）交易结构

天津信托设立系列集合信托计划，并募集优先级信托份额，占信托计划总规模的80%，由浙江大搜车租赁认购20%劣后级信托份额。信托资金用于受让大搜车租赁基于融资租赁协议而享有的相关收益形成的基础资产，大搜车租赁为承租人的按期足额付款义务承担差额补足责任并回购非现资金资产，杭州大搜车汽车服务有限公司为大搜车租赁相关义务提供连带责任保证担保。

蚂蚁智信（杭州）信息技术有限公司（以下简称蚂蚁智信）对承租人准入资格进行审核，浙江网商银行股份有限公司（以下简称网商银行）进行资金代收代付及资金监管，大搜车租赁对标的资产及相关车辆进行管理。

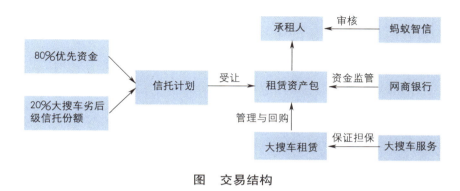

图　交易结构

信托计划设计依据是：在网商银行提供资金收付监管服务环境下，"支出线"为购车款及相关税费，"收入线"为承租首期款及分期租金、租赁期满的购车尾款或出售回款。信用风险和不良风险有劣后级信托份额、大搜车租赁回购承诺、履约信用保险、资产包置换等四道防线应对。

在遵循国家鼓励消费、金融服务实体经济的政策导向，夯实现有同大型国有法人合作的基础上，天津信托积极在网络消费信贷、汽车金融信贷等互联网金融资产中挖掘和创设信托功能，为具有特定业务场景的产品提供金融服务。"弹个车"业务所形成的661笔租赁资产，具有小额分散、物权清晰、现金流相对稳定等特点，风险收益水平较好，是发行信托计划的优良底层资产。同时，相比于传统业务，本次合作对于积累相关贷后管理、风控及合规经验，同时加强与蚂蚁金服等大型平台的进一步合作也具有深远意义。

三、普惠金融下消费信托发展的重要意义

（一）消费信托对信托业务的创新

在对业务创新的促进方面，一是消费信托有助于信托公司更广

泛获取有效客户，由于高净值客户在消费方面具有典型的个性化和消费金额高等特征，消费信托能够通过交易金额和频率挖掘出潜在高净值客户的交易特征，从而从看似"煤矿"的庞大客户群数据里面，帮助信托公司挖掘出"金矿"的高净值客户，实施金融产品的营销；二是消费信托不仅可以增加存量客户黏性，还可以拓展存量客户的消费场景，实现对存量客户资金的综合管理，有助于增加存量客户的信托忠诚度；三是消费信托将成为信托公司收入增长的新方式，消费信托大多具有小额分散、物权清晰、现金流相对稳定等特点，风险收益水平较好，因此成熟的业务模式可不断复制推广，能够成为新的业务增长点。

（二）消费信托对消费者权益的维护

消费信托对消费者权益的维护主要体现在以下两个方面：一方面，消费信托产品通过和产业方合作将生产环节与终端销售结合，可以实现成本的降低和品质的提高，产品性价比高、客户收益高；另一方面，消费信托可以提升消费者群体的集体维权能力，使买方群体的话语权和事务协调力度得到重要提升，切实保护消费者的消费权益。

（三）消费信托对产业方的作用

消费信托实现了专业金融机构对产业方的增信，这有助于建立消费者对产业方的品牌和产品信任。通过信托安排，使普通消费品具有金融属性，打开了产品的金融销售渠道，增加了产品新的消费场景；利用客户群大数据可以为产业方做到精准营销、预知需求、以销定产；实现消费需求向生产商的传递和引导，减少现有多级分销的流通环节，促进产业结构升级，降低生产成本。

（四）消费信托有利于社会信用体系的构建

信用是市场经济健康发展的基本保障，没有信用，就没有市场存在的基础。信用是市场经济运行的前提和基础，在市场经济条件下，日益扩展和复杂的市场关系逐步构建起彼此相连、互相制约的信用关系。这种信用关系维系着错综复杂的市场交换关系，支持并促成规范的市场秩序。信用制度的建立是市场规则的基础，而信用是信托的基石，信托作为一项经济制度，如没有诚信原则支撑，就谈不上信托。

在现代金融体系中，信托与银行、证券、保险共同构成了金融体系的四大支柱，并且信托在国家金融体系中占据的比例正在日渐加重。消费信托在一定程度上有利于净化商业环境，同时有助于促进市场上的经营者进行公平竞争，为全社会营造一个和谐诚信的商业环境。这不仅促进了信托行业的发展，而且对构筑整个社会信用体系也具有积极的促进作用。

绿盾征信创新服务城市信用建设

绿盾征信创立于2001年，是拥有专业资质、专注于从事征信工作的第三方社会信用服务机构，是"双软"认定企业、国家高新技术企业。

公司秉承"以道德为支撑，以产权为基础，以法律为保障"的指导方针，坚持"政府主导，大众参与，社会监督，市场运营"的运行机制，恪守"客观、中立、第三方"的征信准则，遵循"帮助企业见证信用，保障大众消费安全；服务政府监管市场，促进社会和谐发展"的服务宗旨，致力于大数据企业征信、信用信息共享平台开发及信用电子商务工作，在征信系统建设、信用信息采集、征信产品研发、征信模式创新、市场激励诚信、联合惩戒失信等方面做着不懈努力，取得卓效突出成果。

绿盾征信系统

绿盾征信系统涉及九大技术/服务创新，开拓了我国大数据社会征信先河，正成为促进中国征信业市场不断发展、服务社会信用建设的领军企业。具体来说，九大创新成果包括：

（1）创建了利用互联网技术进行大数据社会征信的新模式。

（2）创建了利用统一数据库支撑"政府推动、地方推动、行业互动"的联合机制。

（3）创建了大数据下整体性评价的征信模型。

（4）创建了"记录信用，预测未来"的动态性征信模型。

（5）创建了利用计算机程序进行大批量量化企业信用度的征信模型。

（6）创建了利用起重机程序实时出具信用报告并将时间精确到秒的征信模型。

（7）创建了借助国家职业资格信用管理师培训制度创建了规范征信机构团队培训机构。

（8）创建了将消费者协会的事后查处"和解维权机制"引入企业征信，升级为在政府监管、全民监督下的"事前预警"维权机制。

（9）创建了为全国8 000多万家企业建立网上信用档案、供大众免费查询的市场信用激励与惩戒机制。

绿盾全国企业征信系统

历经十余年的探索与实践，根据我国信用建设政策对征信业的需求，借鉴国际先进经验，绿盾征信创造性地建立了覆盖全国、跨行业、标准统一的第三方社会征信平台——绿盾全国企业征信系统www.11315.com（简称绿盾征信系统），Web版、

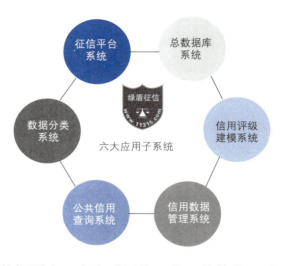

Wap版、APP版三版并行、数据同步，率先采用统一化、整体化、系统化数据库布局，创建了六大应用子系统、四大功能平台，建立并完善了企业法人数据库及相关企业主体高管人群数据库，为全国9 000多万家企业建立了信用档案，采集、整理、保存各相关主体政府监管、行业评价、媒体评价、金融信贷、企业运营、交易反馈、司法信息、知识产权等信用信息数十亿条。

创建四大社会服务功能

绿盾征信围绕"帮助企业见证信用，保障大众消费安全；服务政府监管市场、促进社会和谐发展"服务宗旨，为企业提供全方位征信服务，信用记录和信用报告已被广泛运用到各个领域，成为政府采购、政策扶持、工程招标、行业评优、市场准入、资质审核、行政审批等行政管理中的重要参考，成为大众消费、商务交易、银行信贷、民间借贷、人才招聘等商务活动的重要指南。

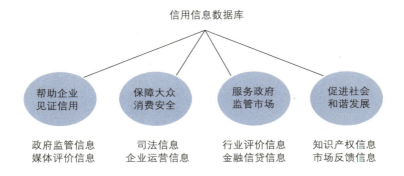

创建"四大平台"功能

绿盾征信传承诚信美德、弘扬诚信文化、倡导诚信行为、建立诚信体系，从架构创设上，创建实现"四大平台"功能。

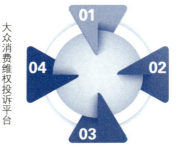

创建平台四大优势

绿盾征信在对企业信用评价体系的指标设置上，力求全面、可量化，在充分考虑各级政府及职能部门对企业进行监管、评价的基础上，将银行信贷、行业评价、媒体评论、企业运营、市场反馈、司法信息、知识产权等方面信息全面纳入评价体系，采用统一征信标准、统一数学模型计算方法，通过对采集、整理的企业信用信息由程序自动进行加工，自动生成企业的信用分值，自动对应企业的信用等级，全过程实现规范化，确保了企业信用分值、信用等级的通用性、可比性、统一性和规范性。

信用信息全面性　　客观、中立、第三方

四大优势

覆盖全国、跨行业、跨部门　　统一性、规范化

创建六大信用产品服务体系

绿盾征信对企业整体信用状况进行客观、动态记录，按照统一标准对每条信息的真实性进行严格核实、分类加工，按照统一数学模式对入档的有效信用信息进行计算，由系统自动得出信用分值，自动与国际通用的9个信用等级相对应。

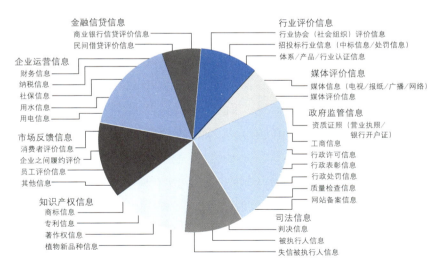

企业信用档案组成示意

创建信用电商平台——竞信商城

为贯彻落实党中央、国务院相关产业政策，加快推进产业结构调整、供给侧改革、信用电商、互联网+等发展，矩阵式信用电商引导品牌——竞信商城，于2017年在全国范围内针对"一村一品""特色农业""特色产业""特色小镇""区域经济""集群产业"等方面作出突出成绩的市、县、乡镇、村庄试点开展"十百千万"矩阵式信用电商示范工程，即

"十"——打造10个地市级信用电商示范平台；

"百"——打造100个县区级信用电商示范平台；

"千"——打造1 000个乡镇级信用电商示范平台；

"万"——打造10 000个村级信用电商示范平台。

绿盾征信系统全国性服务架构布局

绿盾征信以"互联网+大数据+云计算+统一数据库+地方联合征信"为整体规划，以"统一数据库+区域合作运营"的联合征信模式，秉承"客观、中立、第三方"的征信准则，为信息主体、信息使用者提供信用征集、信用见证、信用查询、信用异议等服务，为商务合作、市场交易、金融信贷、求职招聘、政府采购、招标投标、行政审批、市场准入、资质审核等事项提供信用记录和信用报告。

八大功能模块实现了分级管理、分级审核、分级录入的"三级审核管理机制"，实现了按区域、部门、行业、管理权限等分离与聚合、互联与互通，实现了全国、省、市、县、乡镇、村（街道）区域和行业分类分离与聚合，实现了各分类版块单独分配独立IP地址（可配置一级域名）功能。

200多家分支机构入驻当地政务大厅设立"企业征信"窗口

200多家政府机构/行业组织发文推动应用绿盾征信系统，发挥第三方信用机构专长，服务地方信用建设。在各地职能部门的大力支持下，绿盾征信200多家服务分支机构已入驻当地政务大厅设立"企业征信"窗口开展规范服务，为全国企业深入了解征信、立信、用信知识，建立、完善信用档案知识提供咨询服务，为企业使用信用记录、信用报告参与政府采购、招标投标、行政审批、市场准入、资质审核等活动提供服务，对于加强市场主体信用建设，推动本地市场主体完善信用记录，建立健全企业信用管理制度，防范各种商务信用风险，避免各方利益冲突，保障商业合作、市场交易的安全，有序推进信用服务产品的创新性应用和大数据征信服务的开展，带来极大帮助。

绿盾征信输出核心技术 为各地建立信用信息共享平台

绿盾征信充分发挥成熟的数据库建设技术和征信建模技术优势，输出"法人数据库"和"个人数据库"的核心技术，为保定市发展和改革委员会、雄安新区（雄县、容城县、安新县）、霍尔果斯经济开发区发展改革和经济促进局、烟台市、焦作市温县、孟州市、博爱县、吉林省靖宇县等建立了社会信用信息共享平台，推进部门信用信息互通共享，建立各行业和部门间信用信息共享机制，强化重点领域关键信用数据的交换与共享，实现行业和部门对主管领域信用信息的分类、分级管理，设立相应信息查询和使用权限，确保信用信息顺畅共享，为各部门加强和改善市场监管，开展实施跨地区、跨部门、跨领域的联合激励、联合惩戒奠定了重要的基础。

第三部分

互联网金融研究报告汇编

互联网金融网络安全问题分析报告

天津市互联网金融协会课题组

一、概述

（一）报告背景

近年来，互联网"跨界"风潮席卷各大传统领域，金融业也迎来了跨界变革，各类金融科技创新公司应运而生，为中国互联网金融行业发展带来了巨大的发展机遇。根据国家互联网金融风险分析技术平台的监测数据，截至2017年7月末，我国互联网金融平台一共有1.9万多家，累计交易额达70万亿元。无论从数量还是规模，中国互联网金融行业已经稳居世界第一。

金融是关系到国计民生的重要行业，信息安全尤为重要。而互联网金融行业的各类业务运作均需依赖可靠的信息技术，网络安全也就成为维持互联网金融行业正常运转的首要条件。

（二）安全威胁概览

风险随着互联网金融规模的不断扩大而疯狂滋生。欺诈团伙使用撞库、账户盗用、伪造信息、中介代办、套现等多种手段对互联网金融平台进行攻击，或进行有组织的"薅羊毛"活动，对互联网金融平台的正常运营造成不利影响。

根据网络数据显示，已有多达数百家P2P平台由于黑客攻击造成系统瘫痪、数据被恶意篡改、资金被洗劫一空等。2017年11月23日出版的《第二期亚太地区网络替代金融行业报告》显示，在中国73%的P2P个人信贷平台认为网络黑客攻击是对该行业的最大威胁。

除黑客攻击外，网络诈骗也是威胁互联网金融安全的重要隐患。2017年第二季度，从已举报的网络诈骗案件来看，受害人人均损失金额高达17 582元，比2016年第二季度高出一倍多。在主要网络诈骗类型中，根据举报的数量来看，金融理财类为1 100起，占据最高比重16.2%。

二、互联网金融安全现状剖析

（一）网络安全对行业的影响

网络安全是保障互联网金融体系发展的必要条件，同时也关系到用户个人信息和财产安全。个人信息应用的多样化和高效率，只要知道用户一个平台的账户密码就可以同时授权登录其他平台，如果网络平台之间缺乏认证或防护机制，整个互联网体系将会处于不稳定状态。

互联网金融行业的网络安全问题主要体现在几个方面：

一是登录非法网站、恶意程序、开源的手机应用程序、使用来源不明的WiFi网络等导致用户的信息在"不知不觉"中遭到窃取或毁坏。

二是互联网金融行业所有的业务均通过网络进行，用户的大量个人信息存储在互联网平台，而金融行业又是对客户个人信息依赖性极强的行业，一旦信息泄露，用户的财产安全就会受到巨大威胁。

三是部分互联网从业者与用户安全意识匮乏。很多用户不注重保护个人信息，账户密码设置简单，随意授权来源不明的网站使用个人信息等，形成巨大安全隐患。

互联网金融作为依托互联网发展起来的新型行业，信息安全是首要条件。网络环境下的个人金融信息均以数据形式展现，如果没有稳固的技术系统支撑，信息传递的安全性无法保证，将会对用户与平台带来巨大的损失。

（二）安全漏洞类型

根据目前网络数据显示，SQL注入漏洞存在数量巨大，逻辑问题漏洞占比极高，互联网金融应用系统安全基础较薄弱。

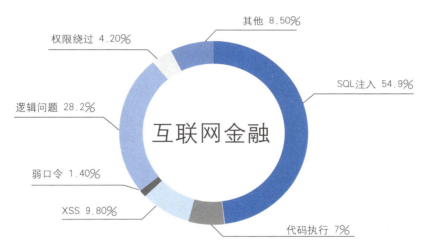

（三）典型业务风险场景

1. 红包优惠券业务场景。

许多互联网金融平台尝试以优惠券形式回馈用户或拉新用户。对企业来说，红包优惠券是拉新用户的有效途径。但是由于其中存在种种漏洞，很多优惠券及红包被"羊毛党"恶意利用，而普通用户无法享受到平台的福利。

越权使用他人优惠券及红包，由于服务端的验证方法能被攻击者预测，攻击者会通过CSRF或者修改红包的ID去越权使用他人的红包，甚至可以使用未达到满减的红包。由于企业网站提供的优惠及红包有限，从而间接影响到其他用户的利益。

2. 伪应用场景。

某APP的开发上架，在一些渠道推广之后，会发现在整个市场当中有若干个整体看起来相似的应用，名字一样、图表一样，但并不是该应用，被称为伪应用。伪应用的目的是获取客户的相关信息，尤其是贷款端，让客户填写银行卡账号、密码以及个人数据、个人信息，这些数据都会同步到黑客的私人服务器里面，这时候客户就会经常接到诈骗电话和短信，并且内容非常精准。

3. 银行卡业务场景。

互联网金融平台通常会要求用户绑定银行卡及个人信息。有关银行卡漏洞场景中出现较多的是，银行卡绑定及银行卡信息泄露。

银行卡绑定场景中，绕过短信验证码恶意绑定银行卡、修改返回包绕过服务端验证绑定任意卡号、CSRF绑定银行卡这几个问题较为常见，可能影响用户的资金安全。

银行卡信息泄露，通常是由于网站存在越权漏洞。通过这种漏洞，一个普通权限的用户可以获取网站中其他人的银行卡及个人敏感信息，从而导致用户信息被攻击者批量窃取。目前，大部分金融行业的网站存在此类问题，缺乏必要的保护措施。

4. 支付场景。

在互联网金融体系中，支付场景是必不可少的一环，同时是存在安全漏洞最多的环节。

支付漏洞一般是由于支付相关的计算过于依赖客户端，服务端直接接受客户端的数据未加校验，由于客户端的数据是用户可控的，从而导致漏洞的形成。常见的漏洞有：绕过客户端的签名验证，提交订单金额任意修改；篡改商品数量，由于未校验负数问题，用户通过修改提款金额，将账号余额提为负数。

5. 短信验证码场景。

短信验证码是通过发送验证码到手机，一般网站都提供有手机短信验证码功能，可以比较准确和安全地保证用户的安全性，验证用户的正确性，是最有效的验证码系统。某些验证码接入商提供手机短信验证码服务，各网站通过接口发送请求到接入商的服务器，服务器发送随机数字或字母到手机中，由接入商的服务器统一做验证码的验证。

这类最常见的功能，却是频繁出现问题的环节，即使修复漏洞，也会由于修复不完全，很容易被攻击者绕过。最常见的漏洞是由于发送处的限制不足，导致攻击者可以利用该接口对任意号码在短时间内发送大量短信验证码。有的短信验证码由于只有四位数字，验证处无任何限制，攻击者可以通过多次尝试甚至可以猜解出正确的短信验证码，从而获得其他用户的操作权限。

6. 密码重置场景。

密码是校验客户合法性的重要凭证，由于种种原因，可能会忘记密码，所以密码找回功能成为了网站重要部分。密码重置的手法多种多样，例如：手机验证码爆破从而重置密码；抓包修改服务端返回的验证码；最终修改密码的页面未验证，可以直接跳过验证页面，进入密码修改页面，服务器返回短信验证。密码一旦被攻击者重置，攻击者就会获得账号的所有权限，对用户资产造成不可挽回的影响。

（四）典型案例

1. 某金融保险平台任意密码重置。

首先自己注册一个账号A。然后使用A账号进行密码找回操作。进入输入新密码的时候抓包，数据包不发送给服务器。然后回到重置密码页面，对任意账号B进行找回密码操作，当进行到第二步需要填写验证码时，填入任意6位数字，然后发包时对请求包中的cookie和userldflag进行复制，替换A账号数据包中的值。最后发送修改过的A数据包，可以重置B的密码。

2. 某互联网金融存在多处漏洞，严重泄露用户信息。

该企业某IP上的WEB应用存在后台未授权访问，攻击者可以直接访问到后台，后台中存在上传漏洞可以上传webshell，直接获取网站服务器权限，利用恶意软件获取一些敏感信息，或者控制整个服务器。

3. 某P2P网络借贷无限刷积分。

互联网金融产品经常进行线上活动以聚集人气，然而当业务存在漏洞时，投入巨大的活动奖金、积分、虚拟货币可能都被黑客瓜分了。某P2P网络借贷的活动支付页面存在严重的逻辑漏洞，用户绑定余额不足的银行卡，反复购买某理财产品，虽然实际支付失败，却可以无限刷积分，该漏洞直接导致企业资金损失达到数十万元人民币。

三、互联网金融安全技术应用

（一）区块链技术

区块链技术是指通过去中心化和去信任的方式集体维护一个可靠数据库的技术方案。区块链是一种分布式共享加密数据库。中国工信部在2016年将其定义为一种分布式数据存储、点对点传输、共识机制、加密算法等计算机技术在互联网时代的创新应用模式。在实际交易过程中，区块链使用过程包括节点的连接、交易和记账等基本步骤。

（二）区块链技术对互联网金融的影响

金融新科技激发了金融行业的创新、转型与变革，也带来更具挑战力、竞争力且能够高速追赶的新对手。作为数字货币最核心的支撑，区块链技术诞生于2009年，因其为数字信息确权的卓越特性，越发被市场寄予厚望。

许多学者专家认为区块链有三个基本阶段。第一阶段是电子货币，包括比特币、瑞波币等。电子货币阶段可以做最简单地去中心化交易。第二阶段也就是我们目前所处的时代，以区块链为重要标的的阶段，最重要的是智能合约、数字资产还有去中心化的各种商业应用，包括认证、支付等。第三阶段是未来我们希望能够形成的一个完全去中心化的社会网络，如果能够达到这一点，就意味着我们可以以极低的成本形成社会的信任关系，从而使整个社会运行成本大幅下降。

（三）区块链安全优势

在区块链系统设计中采用隐私保护增强技术（零知识证明或盲签名），能够让每个操作者都拥有各自的加密代码。一方面，其他人无法得知加密代码背后对应的真实身份，个人隐私有充分保障；另一方面，一旦发生黑客入侵、篡改数据等恶性事件，能够进行有效追查。

如今黑客可以破坏整个网络、篡改数据或诱导粗心的用户落入安全陷阱。他们窃取盗用身份信息，并通过对中心化数据库的攻击及单点故障引发其他安全威胁。但区块链技术中的数据存储和共享数据的模式，与目前信息安全是截然不同的做法。比特币和以太坊都使用相同的密码学技术来保障安全交易，但现在也能够作为一种防范安全攻击和安全威胁的工具。

区块链在信息安全上的优势主要有三个方面：一是利用高冗余的数据库保障信息的数据完整性；二是利用密码学的相关原理进行数据验证，保证不可篡改；三是在权限管理方面，运用了多私钥规则进行访问权限控制。利用区块链的安全优势可以进行多重安全应用的开发，目前已有的安全应用场景是PKI、认证等。

四、总结

互联网金融的安全问题不仅关系到广大投资者的切身利益，而且对互联网金融行业的发展产生重要影响。近年来互联网金融行业的迅速发展，互联网金融模式的创新与丰富，使得其在发展过程中暴露出信息安全技术不完善、缺乏有效管理等一系列问题。完善互联网金融监督和安全防范制度体系、促进互联网金融的健康稳定发展，成为首要解决的问题。

近年来，各监管部门不断对互联网金融行业进行规范，互联网金融风险事件不断爆发的势头得到遏制。尤其是《网络借贷信息中介机构业务活动管理暂行办法》《关于实施支付机构客户备付金集中存管有关事项的通知》等政策逐步落地，监管工作有序开展，互联网金融平台运营的规范性、透明性有所提高，在历经一轮行业"洗牌"之后，一些创新规范平台将脱颖而出，逐步走上规范发展的道路。

互联网安全技术层面也在不断的完善当中，在密码学领域和去中心化计算网络上都产生了新的进展，带来诸如区块链技术之类的前沿技术，而这些技术可能潜含着从底层改变社会运转方式的力量。

天津市互联网消费金融发展报告

天津市互联网金融协会课题组

一、天津市互联网消费金融发展概述

（一）互联网消费金融概念界定

根据《关于促进互联网金融健康发展的指导意见》中的定义，互联网消费金融是指消费金融公司依托互联网开展消费金融业务。也就是说，互联网消费金融服务供给主体仅为消费金融公司。而中国互联网金融协会的《2016中国互联网金融年报》及其他机构的研究报告则给出了一个相对广义的定义，即互联网消费金融是指资金供给方以互联网技术为手段，向各阶层消费者提供消费金融服务，是传统消费金融活动各环节的电子化、网络化、信息化。这个定义把所有类型的消费金融服务供给方均纳入范畴。

如果严格按照官方定义，那么我们研究的对象仅限于银监会批准的22家消费金融公司；如果按照广义概念，那么提供消费金融服务的商业银行、P2P机构、电商等也应纳入研究范畴。

在接下来的研究中，我们将在广义的概念下对互联网消费金融领域进行研究。

（二）天津市互联网消费金融总体发展情况

由于相关的统计系统尚未建立，本文采取定性分析的方法对天津市互联网消费金融总体情况进行阐述。

互联网消费金融服务供给方主要包括商业银行、持牌消费金融公司、互联网电商、互联网金融从业机构四类。

商业银行方面，天津市现有商业银行均开展了互联网金融业务，个人消费信贷业务也实现了互联网化。天津唯一一家全国性股份制法人银行渤海银行和唯一一家城市商业银行天津银行在个人信贷、个人消费信贷方面的布局均较少，更侧重于对公业务。

消费金融公司方面，天津仅有一家持牌的消费金融公司——捷信消费金融公司。捷信消费金融公司作为最早获批的四家试点消费金融公司中唯一一家外资机构、唯一一家非银行系机构，主攻中低端年轻客户，信贷业务拓展迅速，在放宽经营的行政地域限制后，业务规模更是实现了快速增长。

互联网电商方面，国美金融作为电商巨头国美集团的子公司，于2015年开始筹建消费金融板块，2016年初推出了消费分期软件"美易分"。

互联网金融从业机构方面，由于天津的互联网金融从业机构数量不多、规模较小，相关机构的互联网消费金融业务表现也相对落后。

二、天津市互联网消费金融案例分析

由于资料的局限性，本文主要采取案例分析法对天津市互联网消费金融发展情况进行研究。

（一）渤海银行

渤海银行在个人信贷方面的布局较少，更侧重于对公业务，2015年末和2016年末，个人贷款余额占全部贷款余额的比例分别为16.22%及22.52%。对比其他11家股份制银行的个人贷款占比情况，渤海银行的个人贷款占比处于较低水平，且低于平均水平（见表1）。

表1　　　　　　　12家全国性股份制银行个人贷款占比情况

单位：%

股份制银行	个人贷款余额占总贷款余额的比例	
	2016年末	2015年末
渤海银行	22.52	16.22
招商银行	38.54	32.43
浦发银行	35.12	26.15
中信银行	33.24	26.44
华夏银行	20.19	18.79
光大银行	38.14	36.40
民生银行	36.36	35.30
兴业银行	36.09	28.77
广发银行	45.58	46.37
平安银行	36.65	36.27
浙商银行	16.91	17.69
恒丰银行	5.50	8.73
平均	30.40	27.46

资料来源：根据各家银行2016年度报告整理。

　　同为全国性股份制银行的招商银行、兴业银行筹建的消费金融公司已获批运营，陕西长银消费金融有限公司、湖南长银五八消费金融股份有限公司、河北幸福消费金融股份有限公司从宣布发起到获批所需的时间约为7个月，而渤海银行于2015年11月27日宣布参与发起设立的天津泽众消费金融有限公司至今仍未获批（见表2）。

表2　　　　　　　消费金融公司获批时间跨度对比

发起单位	消费金融公司	宣布发起时间	获批筹建时间	时间跨度
渤海银行	天津泽众消费金融有限公司	2015年11月27日	未获批	约25个月
广汇汽车	陕西长银消费金融有限公司	2015年11月21日	2016年6月16日	约7个月
通程控股	湖南长银五八消费金融股份有限公司	2016年6月3日	2016年12月27日	约7个月
张家口银行	河北幸福消费金融股份有限公司	2016年11月10日	2017年6月19日	约7个月

资料来源：根据各消费金融公司网站信息整理。

　　不过，渤海银行当下正在积极布局互联网消费金融市场。在渤海银行2016年年报中，渤海银行决定让"个人贷款业务由以住房按揭为主向消费金融综合服务转变"。2017年2月，渤海银行推出了首款网上全自动个人贷款产品"渤银—公信贷"，对互联网消费金融领域进行探索。

"渤银—公信贷"是渤海银行推出的全自动线上个贷业务，是渤海银行与天津市公积金管理中心合作推出的个人公积金信用贷款产品，结合借款人公积金缴存金额、缴存比例等相关情况，提供金额最高30万元、期限为1年的信用贷款。该产品依托渤海银行个人消费金融平台，还款方式灵活、随借随还、按日计息，贷款申请、审批、放款全程线上自助操作，具有"简""快""新""最佳体验"的特点。

（二）天津银行

天津银行非常重视互联网金融业务，积极与知名第三方支付平台合作，利用互联网技术对传统业务进行不断升级，其网上银行曾获得"区域性商业银行最佳网上银行业务拓展奖""区域性商业银行最佳网上银行功能奖"。

天津银行在个人消费信贷业务方面的布局较少，2015年末和2016年末，个人贷款余额占全部贷款余额的比例分别为13.4%及13.3%，两年末的个人消费贷款余额占全部贷款余额的比例则均为1.8%。对比发起成立持牌消费金融公司的其他城商银行，天津银行的个人贷款及个人消费贷款占比均处于较低水平，且低于平均水平（见表3）。

表3　　　发起成立持牌消费金融公司的城商银行个人贷款及
个人消费贷款占比情况

单位：%

发起成立已持牌消费金融公司的城商银行	个人贷款余额占总贷款余额的比例		个人消费贷款余额占总贷款余额的比例
	2016年末	2015年末	2016年末
北京银行	29.00	25.00	—

续表

发起成立已持牌消费金融公司的城商银行	个人贷款余额占总贷款余额的比例		个人消费贷款余额占总贷款余额的比例
	2016年末	2015年末	2016年末
成都银行	24.99	24.33	3.42
南京银行	18.76	16.00	6.23
湖北银行	18.34	16.21	—
杭州银行	31.20	32.30	29.29
盛京银行	3.39	3.47	1.10
重庆银行	12.10	14.40	4.80
哈尔滨银行	45.40	33.50	29.78
上海银行	21.50	16.12	4.99
晋商银行	9.80	7.27	—
包商银行	43.40	37.79	0.18
中原银行	27.10	20.30	3.71
长沙银行	21.11	21.59	—
长安银行	—	—	—
平均	23.55	20.64	9.33

资料来源：根据各家银行2016年度报告整理。

不过，天津银行正在积极探索拓展互联网消费金融业务。2017年6月，天津银行与京东商城合作，以"京东白条"为基础资产，借助大数据、金融科技手段，成功试水北京金融资产交易发行的全国首单线上消费金融资产证券化产品（消费金融类应收账款债权融资计划），备案总额50亿元，首期成功挂牌并承销10亿元。这标志着天津银行已成为掌握消费金融及其证券化技术的商业银行之一。

（三）捷信消费金融有限公司

捷信消费金融有限公司成立于2010年，是银监会批准设立的首批四家试点消费金融公司中唯一的外资公司，是目前国内消费金融领域的龙头企业。

1. 企业背景。

捷信消费金融有限公司是捷信集团在中国设立的全资子公司。捷信集团是中东欧地区最大的国际金融投资集团PPF集团的控股子公司。

捷信集团的主营业务为消费信贷业务，主要向信用记录缺失或很少的人群提供负责任的贷款，以及简单、方便和快捷的消费金融服务。捷信集团的业务覆盖11个极具增长潜力的市场，中国是其中体量最大且发展速度最快的消费金融市场。截至2017年6月，捷信集团在中国的业务已覆盖29个省份和直辖市，312个城市，拥有86 000多名员工，通过超过30万个贷款服务网点，累计服务客户超过3 700万人次。

2016年，捷信中国实现53亿欧元的净贷款额，占捷信集团净贷款额的54.5%。

资料来源：根据PPF集团年度报告绘制。

持股信息

2. 业务模式与产品。

（1）业务模式。捷信消费金融有限公司采取的是驻店式贷款发放的间接模式，没有固定网点，也不构建消费场景，其母公司已经将这种营销模式在欧盟地区广泛运用并取得极大成功。不同于银行有固定的营业网点，捷信消费金融公司与零售商（如电器商场、超市等）合作，在合作的消费点派驻办公人员或者设立柜台，围绕POS机终端，为目标用户提供消费贷款服务。

（2）产品。捷信可提供商品贷和消费现金贷两大类型服务。其中商品贷分为线上和线下两类，针对的商品主要包括手机、家电、摩托车、电动车、电脑及时尚消费品等。消费现金贷分为交叉现金贷、捷现贷和捷信福袋。特别的是，捷信设置了15天的犹豫期，15天内，如果用户取消贷款申请，不需要缴纳利息和其他费用。

① 商品贷。商品贷目前支持用户分期消费的领域包括手机、摩托车、个人电脑和办公通信工具、时尚消费品、白色家电、黑色家电、美容及牙齿护理、驾校培训、婚庆、教育培训等。用户的分期消费额度范围在540~30 000元，期限在9~18个月。用户在捷信的分期贷款服务费用包括利息、贷款管理费、客户服务费，除此之外，用户可以选择性缴纳保险手续费、灵活还款服务包费（提前还款）。商品贷月利率为1%，即年化12%。

商品贷包括两个产品：一个是线上申请、线下审核的商品贷产品；另一个是线上申请并审核的捷信购物贷。

商品贷的申请步骤为：用户选择商品后在店内申请捷信分期付款；捷信销售代表检查用户提供的申请资料并为客户填写申请表；审核通过后，用户签署贷款相关文件并支付首付后从商家提货；用户根据还款提示卡每月定时还款。

捷信购物贷支持高客单价产品。客户在捷信购物贷合作的商户平台上下单时选择使用捷信分期支付，填写相关信息，经审核通过后，即可获得贷款。

② 消费现金贷。用户的申请资格是没有办理过捷信的分期付款，年龄在20~55周岁、在现单位工作满3个月、月均收入不低于2 000元。据官网显示，现金贷月费率0~3.45%。在为用户提供现金贷款时，捷信依据申请人的收入情况，建议申请人在扣除每月花费后预留20%作为应急金额，剩余金额用作还款，此举意在确保用户"安全借款"。据介绍，其约定在45分钟内进行审批，如果通过，可在1个工作日后放款。快速审批背后的支撑是其强大的IT运营体系。

现金贷包括三个产品：一是线上申请、线下审核的针对新客户的捷现贷；二是线上申请并审核的捷信福贷；三是针对还款记录、信用记录良好的现金贷老用户的交叉现金贷。

捷现贷的申请步骤为：用户提交预约申请；在客服人员联系后，选择最近的办理地点提交相关材料；平均1小时获得审批结果；如审批通过，最快5分钟到账；用户定时还款。

捷信福袋是捷信在线上的现金贷款产品。它的可选还款期限比较短，金额上也有一定限制。客户可以在线上填写简单的申请表、获取审核结果，并在下一个工作日内取得贷款。

交叉现金贷是捷信综合评估已有客户的还款记录，信用记录等相关信息后，在有现金贷款答谢活动时，向客户发出"现金贷款"的邀请，客户依据邀请获得的贷款。

（四）国美消费金融

传统零售商国美集团是通过其旗下的国美小额贷款有限公司切入消费金融领域。

1. 消费金融产品。

（1）"零元购"。2015年，由国美控股的华人金融推出了"零元购"模式。随后，国美金融推出"白拿"专区，并于2016年3月在国美电器广州区60多家门店推出"零元购"活动。所谓"零元购"，是指在购买其指定理财产品后，可免费获得商品，即用理财收益置换商品。零元购的本质仍是一种理财活动。消费成为理财的附加产品，且消费的门槛有所提高。

（2）美易分。美易分是国美金融旗下的普惠金融分期购物服务平台，也是国美消费金融业务领域的首款产品，具有核批快、费用低、申请简单等特点，其面向国美电器线下门店顾客，提供多种模式的分期贷款。在这种模式下，国美是场景提供方，能把控消费的第一入口，在用户获取、用户黏度和重复消费上占据优势。该产品按照适用商品分为数码电器购、家电套购两种类型，两者的申请条件和费用不尽相同，详见表4。

表4　　　　　　　　　　　　美易分申请条件和费用说明

类型	申请条件				费用说明		
	年龄限制（周岁）	所需材料	购物金额（元）	其他	费率/期	期数（期）	额度区间（元）
数码电器	18~55（含）	身份证、银行卡	无限制	无	1.0%~4.3%	6/9/12/15/18/24	500~20 000
家电套购	22-55（含）	身份证、银行卡	1万-10万	本人名下有本地房产或优质信用卡客户	0.70%	9/12	5 000~50 000

资料来源：根据美易分公众号信息整理。

申请流程包括5个步骤：搜索门店；选店选购商品；下载APP填写信息；提交申请；付款提货。

（3）美借。美借是国美金融在消费金融业务领域的首个现金贷项目。主要业务是提供额度5 000元以内的一次性短期贷款。整个贷款流程简单、快捷，仅凭手机运营商授权、淘宝授权即可申请办理业务。在办理美借业务同时还可享受国美在线的商品折扣。

美借目前有三个产品：第一个是单期借款，授信额度为500~5 000元，期限为7~30天；第二个是分期借款，授信额度为1 000~20 000元，可分3~18期；第三个是即将上线的公积金贷，授信额度为1万~15万元，最长24期。

美借申请流程包括4个步骤：使用美借APP注册账号；填写身份证、银行卡、职业信息等申请资料，选择借款金额和期限；等待审核；确认签约。

2. 与其他传统零售商的消费金融业务对比。

苏宁在2014年底获得了消费金融牌照，成为15家消费金融正规军之一。苏宁作为持牌正规军，确实大受裨益。一方面，资金来源不局限于自有资金，可以通过吸收股东及其境内子公司存款和同业拆借等方式，拓展稳定的资金来源。以苏宁消费金融为例，其资金来源包括背后的苏宁云商、南京银行、巴黎银行等股东，也可以向其他消费金融公司进行临时调剂性借贷。另一方面，消费金融公司可以直接接入中央银行征信系统，其风控能力也大幅度提升。苏宁在2015年推出了消费信贷产品"任性付"，根据苏宁公布的数据显示，该产品已向2 000万人发出授信邀请，累计发放消费贷款数量超过800万笔，累计邀请授信金额超过1 000亿元。

手机零售商迪信通采用与消费金融公司、三大运营商合作的方式拓展消费金融业务。在其他消费金融公司纷纷打造闭环体系的时候，迪信通选择了合作共赢的方式。2015年初，迪信通分期项目启动。最早期，采取的是与捷信等消费公司合作的方式。迪信通提供线下3 000家门店作为场景和前端风控，而捷信等消费金融公司提供后台风控和分期服务。迪信通线下门店推出的"零首付、零利息、零手续费"三零产品，获客量惊人。目前，迪信通分期业务已经覆盖了几十万名用户，资金总量已经做到20亿元的规模。2016年，迪信通上线电商平台，仍选择与三大运营商合作，迪信通提供分期服务，而运营商提供风控。

三、天津市互联网消费金融面临的主要问题与挑战

（一）全国共性的问题

第一，信用信息的共享有待加强，且征信覆盖不全面。我国各行业基本都有自己的信用体系，但是这些数据都是独立的，没有互联互通，缺少相应的共享机制。同时，互联网消费金融的用户群体中有相当部分人无借贷交易记录，而传统的信用评分模型主要使用金融领域的历史借贷数据来预测和判断借款人的违约风险，造成"无记录"的借款人风险无法评估。

第二，坏账率高，信息不透明。互联网消费金融行业准入门槛较低，机构的风控意识、规范意识相对薄弱。部分产品事前审核不

严，缺乏资金保障手段，坏账率高。有些机构为了覆盖成本使用高利率，甚至超过36%的红线。同时，这些机构发售产品时也存在信息不透明、息费不清等问题，消费者难以形成准确的判断。

第三，有效的商业模式尚待摸索。互联网消费金融将朝着普惠金融的方向发展，需要通过商业模式的重塑，以更低的价格、更好的体验服务更多的人群。

第四，尚未形成多元化资金来源渠道。互联网消费金融的竞争既是客户获取、场景拓展和风险控制能力的竞争，更是广泛多元化营运资金筹措能力的竞争。客户的瞬时性、并发性用信行为对资金保障能力提出了前所未有的挑战。

第五，产品同质化严重，竞争激烈。消费金融市场充斥着大量相似的产品，拥有鲜明特色的产品较少，消费信贷产品在产品种类、办理手续、办理费用、针对人群等方面存在同质化严重、创新能力不足的现象，规模、产品和服务方面还不能满足个人消费需要。

（二）天津市特有的问题

相比其他发达城市，天津市互联网金融发展相对落后。近年来，借助良好的产业外部发展环境，天津互联网金融产业获得了长足发展，已经形成了粗具规模的互联网金融产业集群。然而，根据互联网金融风险分析技术平台监测数据显示，截至2017年12月末，天津正常运行的互联网金融平台仅417个，占全国平台总数的0.89%，在收录的31个省（自治区、直辖市）中排名第18位，不足北京、上海的十分之一。相比北京、上海、深圳等城市，天津互联网金融企业规模较小，缺少领军企业，整体实力较弱，在全国范围的行业影响力也非常有限。互联网金融行业发展的相对不足，将在一定程度上对互联网消费金融形成了制约。

四、天津市互联网消费金融发展建议

（一）针对共性的问题

第一，加强信用基础设施建设。建立互联网金融行业信用信息共享平台，进一步解决信息不对称问题，对消费者更好地使用互联网消费金融产品以及从业机构提高自身风控能力提供帮助。

第二，完善监管并加强自律。监管制度应当更加细化，弥补互联网消费金融领域的专项政策空白。制定完善互联网消费金融信息披露标准，针对催收方式制定明确的管理规范与行为准则，打击非法催收。行业协会应承担自律管理责任，督促会员自查，规范自身行为。

第三，互联网消费金融从业机构须坚持审慎经营原则，加强信息披露与风险提示；同时，积极推进服务创新，不断降低对息差的依赖，通过提供增值服务建立可持续的商业模式。

第四，拓宽资金渠道。大体量、低成本、多渠道的资金来源是互联网消费金融发展的关键，可从政策、行业、金融等各个层面为行业发展拓展可利用的资金渠道。

第五，更加专注技术驱动。技术的应用从获客途径、消费场景、大数据源、支付工具等多方面为消费金融发展提供了支撑。技术进步将成为行业发展动力，技术创新将成为相关企业差异化竞争优势的来源。

（二）针对天津特有的问题

政策方面，应逐步细化关于各互联网消费金融细分领域的相关政策措施，有针对性地规范企业行为，维护金融消费者合法权益。同时，给予互联网金融行业征信体系建设以更多政策支持。

自律管理方面，天津市互联网金融协会应积极推动相关政策落实，探索出台更具有针对性的自律管理意见，组织开展相关技能知识培训，助力天津市互联网消费金融快速、健康、可持续发展。

天津市互联网直销银行研究报告

天津市互联网金融协会课题组

一、概述

互联网直销银行（Direct Bank）是商业银行利用互联网创新出的一种新型运营模式，主要指依托互联网、手机、移动终端等媒介实现终端客户与直销银行业务中心直接业务往来，进而获取金融产品和服务的新型银行运营模式。互联网直销银行的业务拓展不以物理柜台和实体网点为基础，客户主要通过远程终端获取银行产品和服务，因此业务活动不受地域与时间限制。

互联网直销银行的运营模式有三种：第一种是纯线上模式，即只通过电子渠道提供服务，不设置实体网点；第二种是"线上+线下"模式，即电子渠道与实体网点相结合为客户提供服务；第三种是"线上+第三方"的模式，即与第三方互联网企业开展合作，通过大数据信息共享等方式有针对性地为客户提供服务。

目前，天津市共有20家法人银行业机构：天津银行、渤海银行、天津农商银行、天津滨海农商银行、中德住房储蓄银行、天津金城银行、蓟县村镇银行、北辰村镇银行、西青国开村镇银行、华明村镇银行、津南村镇银行、静海新华村镇银行、武清村镇银行、宝坻浦发村镇银行、天津滨海惠民村镇银行、天津宁河村镇银行、天津滨海江淮村镇银行、天津滨海德商村镇银行、天津滨海扬子村镇银行、企业银行（中国）有限公司。其中，渤海银行、天津银行、天津农商银行三家法人银行机构开设了直销银行业务。三家银行采取了各异的互联网直销银行业务模式：渤海银行直销银行提供的服务包含存款、货币基金、理财、直销基金、保险等产品；天津农商银行运营的"吉祥生活"APP提供包括理财类和存款类产品的类互联网直销银行服务；天津银行组建了独立运营的直销银行经营团队，与深圳微众银行合作开展"微粒通"联合贷款业务。

二、案例分析

（一）渤海银行直销银行

渤海银行于2015年4月21日推出了"好e通"直销银行，将其定位为"互联网金融的核心载体和平台"，一方面通过直销银行向他行实体客户销售金融产品、扩大渤海银行影响；另一方面通过直销银行聚集、引导和储备本行实体客户。

渤海银行直销银行经营模式与策略汇总

模式与策略	主要特征
运营模式	"线上+线下"
客户体验	便捷、易用、安全
产品类型	"存、贷、汇、融、投"五大产品体系

运营模式方面，渤海银行"好e通"直销银行将线上线下相结合，线上在互联网和新地区招揽互联网群体客户（包括分支机构筹建期），发展新兴品牌；线下作为银行传统业务的渠道，共享客户和服务。

客户体验方面，"好e通"直销银行突出了"便捷、易用、安全"的使用体验，快速开卡、交易流程简洁明了、方便易用，客户身份认证、同名借记卡绑定、资金闭环交易处理原则保证了客户的资金安全。

产品方面，渤海银行互联网金融业务重点围绕网络金融、移动金融和智慧银行服务三大业务领域，加快直销银行、电子商务、综合服务和数据应用四大平台建设，打造具有渤海银行特色的"存、贷、汇、融、投"五大产品体系。

渤海银行"好e通"直销银行主要突出产品的多样性和丰富性，为客户提供安全、便捷、高收益性的产品服务。上线首批推出了"添金宝"、"好聚财"、"浩瀚理财"、智能存款和基金产品五大产品。这五大产品是渤海银行精心打造的"好e通"直销银行专属产品，各具特色，适合不同的客户群体。其中，"添金宝"是一款灵活性非常强的全自动智能化的账户现金类产品，该产品1分起存、自动投资、不设限额、无须赎回，方便客户存取、支付。"好聚财"是为"好e通"直销银行客户打造的专属产品，面向个人投资者提供银行商业汇票投资产品，产品到期时以票据托收款为个人投资者进行资金兑付，投资起点低，收益相对稳定。"浩瀚理财"则是主打保本保收益、保本浮动收益和非保本浮动收益的产品，能够覆盖客户各种风险偏好，满足客户多种流动性需求。智能存款则是针对于保守型或者对资金流动性要求非常高的用户开发的产品。该产品1 000元起存，保证收益，支取灵活，靠档计息，既满足了客户资金流动性的需求，又可以享受到远超活期储蓄的收益。除此之外，渤海银行"好e通"直销银行还精选了10只不同类型的基金，以满足具有一定投资经验、不同风险偏好的客户的理财需求。

（二）天津农商银行直销银行

2016年5月，天津农商银行开发并上线运营了"吉祥生活"APP。"吉祥生活"是一款一站式生活服务平台，可以为客户提供话费充值、有线电视缴费、缴纳交通罚款等常用生活缴费功能。同时，"吉祥生活"还提供包括理财类和存款类产品的类互联网直销银行服务。

2017年，"吉祥生活"APP注册用户数从1月末的253 340人增加到12月末的832 020人，增长228.4%，月平均新增注册用户48 223人；活跃用户从1月末的91 712人上升到年末的218 934人，增长

138.7%，月平均新增活跃用户10 601人。

2017年，"吉祥生活"APP定期存款总体呈稳步增长态势，月末余额从3月末的0万元增加到12月末的1 175万元，从3月开始，月平均新增定期存款 130.5万元。相比定期存款，活期存款余额虽大，但月度变化并不明显。

2017年8月，"吉祥生活"APP开通售卖理财产品功能，理财产品销售额稳步增长，2017年12月末理财产品余额已达4 863万元，月平均余额3 481.5万元。

（三）天津银行直销银行

2014年12月，天津银行筹备组建了独立运营的直销银行经营团队。该团队成立以来主要是与深圳微众银行合作开展"微粒通"联合贷款业务，除此之外未提供其他线上金融服务，也未实质开展直销银行自营业务。

"微利通"联合消费贷款业务是以微众银行的"微粒贷"业务为基础联合开办，采用联合贷款方式，双方以微众银行"微粒贷"授信条件及产品规则为基础，依据同一贷款协议，向同一符合约定条件的大众客户，按照约定的贷款比例各自提供资金支持，并由微众银行实施贷款操作的业务经营模式。

"微利通"业务于2016年1月正式开办，截至2017年末，累计提款客户15.25万人，累计发放贷款71.22亿元。2017年末贷款余额12.87亿元，不良贷款余额1 045.32万元，不良贷款率0.81%。"微利通"业务累计为天津银行创造利息收入近1.75亿元。

三、互联网直销银行面临的问题与挑战

直销银行的发展有利于促进传统银行的转型改革，突破发展瓶颈。直销银行能更广泛、便捷地接触客户，尤其是年轻客户和小微企业，能有效解决融资难的问题；直销银行全天候、不间断、不

受网点限制的银行产品和金融服务，有利于满足普惠金融发展的需要。然而，天津市的互联网直销银行发展尚处于探索阶段，存在着以下问题与挑战。

（一）账户功能存在一定限制

目前互联网直销银行虽然可在线上远程开户，但出于审慎监管的要求，该账户与现场面签开立的账户仍然有较大的区别。根据中国人民银行发布的《关于改进个人银行账户服务加强账户管理的通知》（银发〔2015〕392号），人民币个人银行账户分为Ⅰ类、Ⅱ类和Ⅲ类，申请人通过网上银行和手机银行等电子渠道申请银行账户开户，只能办理Ⅱ类银行账户或Ⅲ类银行账户。相对于Ⅰ类银行账户，Ⅱ类和Ⅲ类银行账户在消费、支付和转账权限上都有一定限制，而且Ⅱ类和Ⅲ类银行账户均不得存取现金，不得配发实体介质。

（二）运营模式待进一步丰富

天津目前的直销银行都是作为银行二级部门在运作，无法实现独立运营，更无法进行独立核算。这样会造成两个方面的不利影响：一是由于成本收入核算是与传统银行混为一体，不能充分体现直销银行的成本优势；二是难以摆脱传统银行发展的思维定式，且均采用线上+线下的运营模式，而线下运营模式都是依托传统实体网点，模式单一，缺乏创新。

（三）产品设计待进一步完善

天津目前直销银行的产品品种仍相对单一，都是在传统产品的基础上开发出来的，且产品同质化严重，未能利用互联网的特殊优势，提取大数据为不同客户量身定做专属产品。随着互联网直销银行的不断发展和客户体量的不断增长，目前的产品和服务将无法满足客户的差异化需求。

（四）客户体验待进一步提高

对于金融消费者而言，互联网直销银行仍是一个新鲜事物，对其安全性仍心存疑虑。目前天津的互联网直销银行都没有独立的经营网站，仅作为商业银行网站页面的子目录。若非专门提示，一般用户难以快速找到直销银行页面。此外，直销银行网页以单纯的产品和服务介绍为主，缺乏与客户的互动交流及有效的跟踪和售后服务，不利于直销银行业务拓展，互联网直销银行的客户体验还存在提升空间。

（五）风险管理待进一步加强

目前，我国尚没有针对于直销银行的数据报送标准与统计口径，也没有专门针对互联网直销银行的监管政策，互联网直销银行因其依托于互联网而具有特殊性，因此有针对性地做好风险防范，需要进一步构建完善的风险防控体系。

四、未来发展路径

（一）创新运营模式

从国外经验看，大部分互联网直销银行属于独立法人，而天津市的直销银行隶属于传统银行的电子银行部或个人金融部的下设二级机构，在体制机制、品牌建设、业务运营等方面的独立性较弱。法人化的互联网直销银行在风险上与母公司有效隔离，在机制上更加扁平高效，在品牌上更加个性独立，在产品上更加创新实惠。

直销银行还可探索与第三方互联网公司的合作，挖掘利用好大数据，同时线下模式也可尝试咖啡馆服务、儿童乐园等形式，消除与客户之间的距离，增加客户信任度，使客户对直销银行的产品更加了解，有利于业务推广，提高品牌形象。

（二）丰富产品种类

互联网直销银行在战略布局日渐明晰后，其服务的客群也将进一步明确。充分利用互联网大数据研究分析客户需求，针对客户的个人习惯及关注度较高的产品确定产品范围，积极为客户提供量身定做的产品，增加可供选择的产品类型，增加直销银行的吸引力和客户黏性。

（三）提升客户体验

加强与咨询公司和设计公司的合作，将指纹识别、虹膜、声波、近距离无线通信技术（NFC）以及未来可能出现的先进理念和技术都运用到互联网直销银行中，在直销银行的视觉与交互设计方面力求简洁、易用，提供与"年轻客户"消费习惯相适应的客户体验。例如，简化开户输入要素和业务流程，减少客户操作频率，统一界面风格，做到简单易懂，并通过友好的提示信息，减少客户困惑，引导客户自助完成业务。通过友好的界面体验，提升网络操作便捷性，满足区域差异化要求，增加客户黏性。另外，应定期收集当地客户操作体验的意见和建议，针对客户反馈的需求，及时分析并在整体上作出相应的规划和调整，以适应当地客户习惯。

（四）加强风险管理

安全是直销银行发展的根本，直销银行依靠的是互联网，因此在业务运营过程中，不可避免地存在敏感信息泄露、资金被盗等风险，构建完善的风险防控体系，通过风险防范技术和保险机制确保账户和资金安全是重中之重。

（五）拓展境外市场

一是互联网直销银行对网点、人员、地域的要求较低，适合拓展境外新市场；二是互联网直销银行在国外已有一定的市场基础，大众接受程度较高，适合互联网直销银行发展；三是传统银行主导的互联网直销银行大多有较强大的后台科技系统，互联网直销银行成本低、可复制性强，可快速上线，有利于在境外快速抢占市场、吸引潜在客户。天津市的互联网直销银行可大胆走出国门，拓展境外市场。

信托消费金融"跟随模式"研究

天津信托投资有限责任公司

　　李克强总理在2018年《政府工作报告》中提出，要顺应居民需求新变化扩大消费，着眼调结构增加投资，形成供给结构优化和总需求适度扩大的良性循环。增强消费对经济发展的基础性作用。推进消费升级，发展消费新业态新模式。一直以来备受信托公司关注的消费金融信托，恰好顺应促进消费、支持普惠金融发展的政策导向，通过信托与消费紧密结合、信托与互联网深度融合，可以极大地提升信托金融服务的广度与深度，向市场提供优质的消费金融产品与服务。本文从消费金融市场的实际出发，创新性地提出了一种信托切入消费金融领域的"跟随模式"，并阐述了这种业务模式下风控要点及应对措施。

一、业务背景

　　2017年末，我国社会消费品零售总额达到36.63万亿元，同比增长10.7%，大大高于同期GDP增长速度，由此可见，消费在国民经济中的比重不断提升（见图1）。

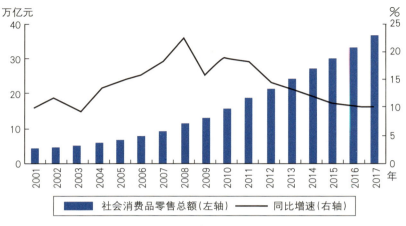

我国社会消费品零售增长走势

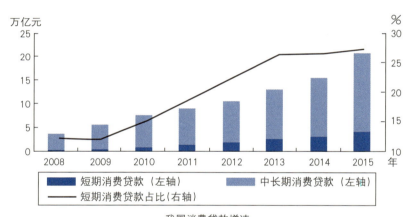

我国消费贷款增速

图1 消费金融市场发展

从消费金融市场的参与主体上来看，主要可以分为五类，分别是商业银行、消费金融公司、互联网小贷公司、电商平台和分期平台。表1分析了信托公司切入消费金融市场面临的优势、劣势、机会与威胁（见表1）。

表1　　　信托切入消费金融市场竞争分析（SWOT 分析法）

优势（S）	信托制度优势，组织架构扁平高效，业务模式灵活
劣势（W）	没有丰富的经验与成熟的系统，获客与场景需借助其他机构
机会（O）	政策支持，蓝海市场，竞争较小，利润率较高
威胁（T）	模式易被模仿，潜在进入者进入威胁

从体量上看，商业银行依托稳定、低成本的资金实力，在传统消费金融领域占据着绝对的优势地位。同时银行也是狭义消费金融领域最早的参与者，从1985年发放第一张信用卡开始，积累了丰富的经验，有着很强的风控能力和大量的客户资源。虽然银行开展消费金融业务有着得天独厚的竞争力，但是由于银行风控严格、申请周期较长，无法适应小额、高频次场景下消费者的即时需求。

信托如何发挥自身优势，解决上述问题的同时利用银行资源发展自身，是本文关注的重点。

信托公司在市场进入策略上，对于商业银行可以采取"跟随模式"，快速获取优质客户资源和数据，积累风控、运营方面的经验，实现业务的迅速布局、扩张。在经验积累达到一定程度后，可以与消费金融公司和各类平台合作，或者参股设立专门的消费金融子公司，利用自身资金和运营经验方面的优势，由此可以"主导"一类场景或一类消费金融业务，并将此优势扩展到消费金融其他细分领域。综上，从"跟随模式"切入，是目前市场环境下信托进入消费金融领域的较为可行的路径之一（见表2）。

表2　　　消费金融"跟随模式"业务扩展模型（Ansoff Matrix）

	现有产品	新产品
现有市场	信托公司通过"跟随模式"得以快速进入消费金融市场，通过现有市场现有产品模式的经验积累，可以获得有效的风控模型及风险处置、业务流程上的知识与经验。形成信托公司在该市场领域上的绝对竞争优势。	现有市场现有产品获取的知识与经验可以快速扩展。由于信用卡市场的高度竞争性，业务模式雷同度较高。信托消费金融作为成熟有效的解决方案可以快速扩展到其他地区和其他银行，实现信托公司在此领域的快速布局与业务扩展。

续表

	现有产品	新产品
新市场	通过现有市场现有产品、现有市场新产品的经验积累，信托公司在业务模式的核心风控领域及全业务链条已经积累了大量经验。这时知识和经验可以通过与消费金融公司、分期服务商进行合作，发挥资金及经验上的优势，将业务模式拓展到具体消费场景和消费金融其他业务领域，并利用自身优势地位实现由"跟随模式"向"主导模式"的业务转型。	通过以上三个层次的积累，信托公司在消费金融领域具备了绝对的领先及竞争优势，可以引领消费金融市场产品和业务模式方面的创新。由于消费金融市场具有极强的延伸性，金融产品可以发挥鼓励消费、刺激消费的作用，随着业态逐渐发展成熟，在医疗、教育、健康等新兴领域甚至可以"创设"消费者需求。消费金融领域具备进一步扩展业务模式广度与深度的潜力。

二、业务模式

据相关统计，2016年中国信用发卡量达到4.65亿张，全国人均持有信用卡0.31张，预计2017年超过5.5亿张。经问卷调查，在有效用的信用卡中，平均额度为2.34万元。信用卡的额度使用应有具体消费背景，持卡人若在额度内提现，一般需要1%~2.5%的手续费，同时需要按日计算利息，由于成本较高，持卡人一般不会选择使用信用卡提现服务。部分银行在授信额度内提供现金消费贷款服务（如浦发银行"万用金"，年化利率为8.93%~10.72%），因其占用信用卡授信额度，对于大部分有分期需求的消费者额度往往比较紧张（见图2）。

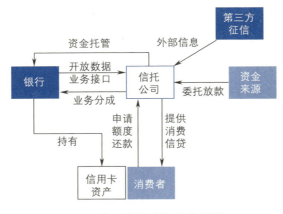

图2 　"跟随模式"业务结构

　　信托公司可以在银行信用卡类APP中植入单独的接口和页面，通过分析消费者的消费习惯，在有使用过银行分期服务或者信用卡额度占用率较高的客户中进行精准营销，向这一部分客户开放信托消费贷款申请接口。

　　客户在通过手机验证码形式验证其身份后，填写信托消费贷款申请表，参照该银行发卡时采集信息（图3左半图），设计借款人需填写的电子化表单（图3右半图），由此可以实现与银行预留信息的交互验证。同时，也可以根据信托公司风控模型设置额外的特征指标。

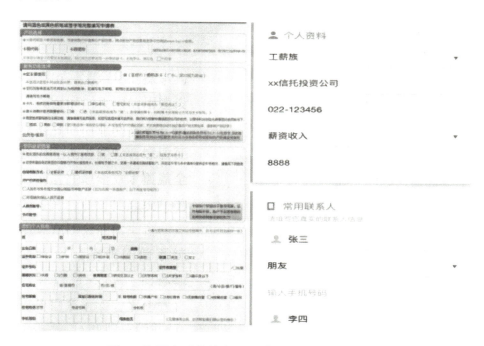

图3　信用卡采集信息、消费信托贷款信息表单

　　客户在提交个人信息时，需要勾选同意信托贷款合同、征信授权文件，同时勾选资金使用用途，承诺该款项不得用于投资（包括但不限于购房、股票、期货及其他股本权益性投资等），仅限用于消费（包括但不限于装修、家电、婚庆、购车、助学、旅游、医疗等），并保留必要的消费单据以供信托公司查验。

客户提交信息后，通过风控系统自动对提交信息的真实性进行判别，参照人民银行征信系统、芝麻信用等第三方信用信息来源，在银行授信额度的基础上自动生成信托贷款授信额度，反馈给客户。客户可在额度内选择实际申请的借款本金，以及借款期限、还款方式等信息。经审核后，系统自动放款至合作银行账户内，信托公司可以通过银行对该笔资金的使用情况进行后续管理。若资金违规流向房地产、股市等领域，信托公司有权根据合同提前终止借款协议并追回款项。

该业务模式因需要与银行进行合作，且不能对银行已有分期产品构成同质化竞争，因此综合利率高于银行分期利率（一年期约10.72%），客户实际负担的利息成本为13%~14%。

三、风控要点

信托切入消费金融领域的"跟随模式"最大的特点在于目标客户明确，该消费贷款的客户限定在合作银行的客户中现有额度难以满足其需要的这部分消费群体。他们已经银行风控系统审核，给出了授信额度，并且在信用卡使用周期内积累了一定的消费习惯数据。在申请信托公司消费贷款时，客户重新填写了申请信用卡时的预留信息，同时根据信托公司风控偏好提供了其他一些参考信息（可选填）。因此，在本业务模式下，信托公司风控的主要目的在于交叉比对客户提交信息的真实性，验证银行现有授信额度是否准确描述了客户风险，重点关注银行发卡时点和信托贷款申请时点用户资信状况和消费特征的变化，在银行授信额度的基础上，给出信托消费贷款的授信额度。同时参考其他第三方征信信息（如人民银行征信系统、芝麻信用分）对该授信额度进行进一步修正。同时，根据反欺诈、反洗钱、反赌博等负面信息库剔除高风险客户申请。

"跟随模式"下信托消费金融风控的最大特点是在相对优质、信息真实度高的客户群体中进行二次筛选，筛除符合信托公司风险收益偏好特征的这部分目标客户。因此，风控系统数据处理的信息具有可靠性强、维度少、针对性强、质量高的特点。在此基础上，信托风控模型的主要设计思路包含如下几个步骤。

（一）问题描述

模拟"跟随模式"下信托公司风控的业务模式，风控模型面对的是已在合作银行申领信用卡获得信用额度并且经过一段时间交易的用户，这些用户具有使用过分期产品或者信用额度使用率达到80%的特征。在此前提下，银行可提供的数据包含两类：一是用户的主体资格数据；二是用户的交易数据。模型评价的目标是根据申请信托贷款时点的历史数据，预测未来一段时间（半年或一年内），用户的违约概率，在此之前，需要先对其进行是或否的二分法判定。评价用户是模型给出的结论，在风控模型搭建的过程中，我们需要利用训练数据集对构成模型的指标予以测试，确定其是否有效及有效的程度（见图4）。

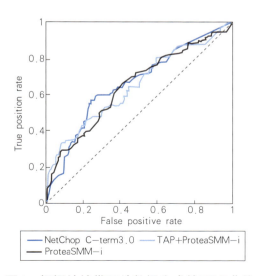

图4　根据拍拍贷开放数据生成的ROC曲线

统计学中，ROC（Receiver Operating Characteristic）曲线和AUC值（ROC曲线下区域的面积，因坐标轴为概率，即为ROC函数在0~1范围内求定积分）常被用来评价一个二值分类器（binary classifier）的优劣。对应风控模型，当随机挑选一个正样本（正常还款）以及一个负样本（违约）时，当前的分类算法根据计算得到的分值将这个正样本排在负样本前面的概率就是AUC值。AUC值越大，当前的分类算法越有可能将正样本排在负样本前面，即能够更好地分类。

（二）特征工程

在统计学中，特征工程是指最大限度地从原始数据中提取特征以供算法和模型使用。这里的特征既有单个特征指标，也有特征指标之间的组合。

第一步，预估特征的有效性，对于单个特征或通过构造新产生的特征，通过相关系数确定其影响是否显著。有些特征具有重要的参考意义，如客户在申请信用卡时点采集的信息与申请消费贷款时的信息具有重大差异，差异性指标可以描述信息的虚构程度。如果客户修改信息的频率达到一定数值，模型可以认为客户在试图测试模型的"偏好"，信息修改频率指标可以用于描述客户"作弊"的倾向性。

第二步，数据清洗。原始数据来自于信用卡和消费贷款申报时填写的信息表单，其中包含有非必填项。若某指标选择填写的用户占比较低，则予以剔除。对于职业这类描述性指标，需要按一定规则转化为分数；城市则需要以"北纬，东经"的形式予以量化。

第三步，特征组合分解。特征两两相乘：例如，客户在多城市POS机消费，每笔金额接近（如在不同城市消费若干笔"2 999元"），这两个特征的组合可以描述用户在"套现"。某客户填报的住址及工作单位均在A市，POS机消费地点也分布在A市，这两个特征的组合可以为用户信息的可信程度提供额外的证据。特征两两相除也将产生新的具有显著性的特征指标。例如，违约次数可以分解为还款能力问题和还款意愿问题。

（三）特征选择

特征工程增加了数据的维度，因此需要对这些特征加以选择。特征选择的方法一般有最大信息系数（MIC），Pearson相关系数、正则化等方法选择。Python中提供的xboost可以实现这一过程，经过迭代测试，删除相关性程度较高的指标，最终可得出风控模型指标。

（四）测试与修正

在风控模型试运行阶段，我们将收集实际客户数据集对模型进行修正，以提升其适应性。模型输出的分值只反映了银行所提供的数据中蕴含的关于客户违约可能性的概率判断。另外，芝麻信用数据提供了淘宝网等消费场景下客户信用情况的结论性评价，人民银行征信中心提供了在其征信涵盖范围内的征信信息。通过网络爬虫等数据产品，在法律允许的范围内我们可以获得客户是否利用互联网登录赌博平台、从事过违法活动的结论性数据。综合以上信息来源，按照权重综合叠加在商业银行基于客户的授信额度上，我们可以较为简洁、高效地给出特定客户的授信额度。

四、业务后期管理

（一）持续跟踪客户的信用情况

风控模型应当具备持续评价客户信用情况的能力。客户信用状况恶化时应给出相应预警，由人工进行判别。当信用状况降低到一定程度时，需要风控部门介入予以干预，必要时应及时按合同采取催收和保全措施。

（二）监控客户资金流向

在客户申请信托消费贷款时，已经勾选有关消费用途并作出了资金使用情况的承诺，信托贷款合同要求客户保留必要的消费单据以供查验。该业务模式下，信托贷款将放款至客户在合作银行开立的指定账户，银行和信托公司可以掌握资金的直接去向。若对资金动向存在疑问，信托公司可以按照合同要求客户出具相关的证明性文件，不能证明的信托公司有权按照合同进一步处理。

（三）坏账催收与核销

消费信托贷款由于其小额、分散的特点，坏账不可避免。信托公司应制定逾期账款的催收规则与核销办法。对于一般的逾期通过短信、电话的形式对客户予以提示。确认逾期的可以交由第三方公司以合法的形式进行催收。对于一定账龄一定金额内的违约账款，制定相应的坏账核销办法。

五、小结

本文"业务背景"介绍了我国消费市场、消费金融市场的现状与发展；"业务模式"分析了该模式下具体业务操作流程，给出了业务模式图示；"风控要点"根据该业务模式及数据上的特点描述了风险控制模型构建的总体思路；"业务后期管理"对贷后管理和坏账应对进行了要点分析。本文提出信托公司切入消费金融市场的"跟随模式"，认为该模式是信托公司进入消费市场领域的良好切入点，并分析了此模式下的业务扩展性，探讨了其中的业务风控和后期管理等问题。

引入专业网络借贷评级促进网贷行业健康发展

联合信用征信股份有限公司

一、网络借贷行业发展历程及问题

近年来，随着互联网金融的发展，网络借贷行业由于其创新性与频发的风险事件被推至风口浪尖。一方面，网络借贷行业借助互联网优势不断突破传统的金融模式，其发展顺应市场所需，提高了对等主体之间借贷资金的效率，优化了民间资金的配置，在缓解小微企业融资难以及民间投资需求等方面发挥了积极作用；另一方面，网络借贷行业准入门槛低、市场不完善，导致停业、跑路、提现困难等风险事件频发，给广大投资人造成了非常大的损失。

时至今日，自2005年世界上第一家网络借贷平台Zopa成立于英国以来，在国际上网络借贷这一新生事物刚迈入第11个年头；而自2007年我国第一家网络借贷平台拍拍贷成立以来，我国网络借贷行业的发展历程尚不满十年。其实，P2P借贷（Peer-to-Peer Lending）作为对等主体通过信息中介平台实现直接借贷的方式并非新生事物，但通过互联网进行的网络借贷则是近年来随着信息技术的发展和普及取得的突破性创新。

从2007年到2013年末，我国网络借贷行业先后经历了起步探索和快速扩展等阶段，而伴随市场快速扩容而来的是大规模的风险事件。根据网贷之家的统计数据，2013年末，我国网络借贷平台数量为800余家，当年发生倒闭、跑路或不能提现等问题的平台就有70余家，而部分本身就涉嫌诈骗、非法集资等违法犯罪行为的平台并不统计在内。

通常情况下，监管总是滞后于新生事物的发展，且往往是新生事物出现问题时会倒逼监管控制风险，对于网络借贷行业而言也是如此。一直到2014年，市场的扩大和风险集中爆发导致公众对网络借贷行业的关注度大幅提升，国家将网络借贷平台划归银监会监管，先后提出了"四条红线""十大原则"等指导意见，明确了我国网络借贷平台"信息中介"而非"信用中介"的定位，我国网络借贷行业进入以规范监管为主的政策调整期，并开始整治问题平台。2016年8月下旬，银监会发布了《网络借贷信息中介机构业务活动管理暂行办法》（银监会令〔2016〕1号）（以下简称《暂行办法》），我国网络借贷行业迎来了规范发展阶段。

二、网络借贷评级的必要性与作用

资信评级是国家经济金融健康运行的重要组成部分，其揭示与控制风险、保护投资人合法权益的作用在美国等发达国家备受重视。我国资信评级行业虽然起步较晚，但随着我国经济金融的快速发展，资信评级在资本市场及信贷市场应用广泛，在控制行业风险、规范行业发展等方面的作用日渐被广大投资人熟知。网络借贷这样的新兴事物，在创新过程中风险集聚的可能性较大，且其当前在发展过程中已经暴露出较多问题，引入专业的第三方评级公司对网络借贷平台进行评级，对促进网络借贷行业健康规范发展具有重要意义。

第一，网络借贷评级可以帮助投资人识别风险。根据网贷之家的统计数据，截至2016年8月底，全国累计平台数量4 213家，其中累计停业及问题平台共计1 978家，占比高达46.95%，当前正常运行平台2 235家。即使除去停业及问题平台，国内目前正常运营的网络借贷平台数量依然较多，如何识别这2 200余家平台的风险程度，选择与自身风险偏好相统一的平台，对大多数投资人来说依然是一个难题。一般而言，普通投资人并没有充分的精力与足够的专业知识准确识别与定位网络借贷平台的风险水平。而评级的产生源于市场对了解被评对象风险大小的需求，其最根本的目的就是要揭示被评对象风险的大小。专业的网络借贷评级会在充分调研网络借贷平台的风控水平、经营模式、信息安全等各个方面的基础上，将网络借贷平台划分出不同的等级，揭示网络借贷平台的风险大小，给投资人一个简明清晰的参考结果，有助于投资人识别不同平台的风险，选择与自身风险承受能力相适应的平台，从而起到了保护投资人的作用。

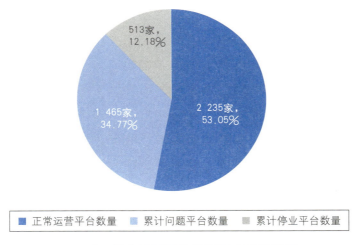

2016年8月底我国网络借贷平台数量情况

　　第二，引入专业网络借贷评级，有助于强化信息披露，增强行业信息透明度，保护投资人的合法权益。目前国内绝大多数网络借贷平台的信息披露是不充分的，投资人的知情权难以保障，导致其合法权益容易受到侵害。专业评级机构给出的网络借贷评级结果，能够将网络借贷平台信息直观且较为全面地呈现给投资人，及时揭示平台问题或潜在风险，帮助投资人合理规避风险，减少不必要的损失。因此，如果具有公信力的网络借贷评级能够得到广泛应用，将很大程度上提高市场信息透明性，减少信息不对称，维护广大投资人的利益。

第三，专业的网络借贷评级可以揭示行业风险，有助于控制行业整体风险，为行业健康发展创造良好的环境。网络借贷评级的直观性在于，其结果不仅反映了单个平台在经营管理等各方面的风险程度，也反映了该平台在整个行业中的位置，评级结果的分布情况更反映了整个行业的风险水平。一般情况下，一个成熟行业的评级结果分布往往呈现以平均值为中心的中间大、两头小的正态分布形态。网络借贷评级结果也应如此，从而使得单个网络借贷评级结果可以反映被评平台在整个行业中的位置；而整个网络借贷行业评级结果的分布形态与标准正态分布的偏离程度，则在一定程度上反映了行业整体风险大小。因此，网络借贷评级的广泛应用不仅可以揭示单个平台的风险，及时曝光涉嫌违法违规、风险较高的网络借贷平台，而且可以揭示行业整体风险，成为行业风险大小的"晴雨表"，提醒行业在整体风险较高时及时控制风险，提醒投资人及时规避风险，同时使得社会公众与舆论可以持续监督网络借贷平台，净化网络借贷行业，从而督促网络借贷平台增强自律意识，为行业健康发展创造良好的环境。

第四，网络借贷评级是落实监管措施的重要手段，有助于为监管部门提供监管依据。2016年8月下旬出台的《暂行办法》确定了网络借贷行业监管"强调机构本质属性，加强事中、事后行为监管""坚持底线监管思维，实行负面清单管理""创新行业监管方式，实行分工协同监管"三项总体原则，但在具体落实上各级监管部门仍缺乏具体的抓手，而引入专业的网络借贷评级则可以为监管部门提供抓手，成为落实行业监管措施的重要手段。参考我国信用担保行业的发展经验，由人民银行牵头推广的担保公司信用评级曾在各地监管中发挥过重要作用，多地监管部门在发放融资性担保机构经营许可证时均以信用评级报告为重要参考资料，信用评级事实上为监管部门承担了排查风险的功能。可见，如果网络借贷评级能够得到大规模应用，可以协助监管部门根据监管负面清单排查隐患、揭示风险，为监管部门实施监管提供依据，促进网络借贷行业发展的合规性。

综上，引入专业的第三方评级机构对网络借贷平台进行评级，不仅可以帮助投资人识别风险，增强行业信息透明度，减少信息不对称的发生，保护投资人的合法权益，而且可以揭示和及时控制行业风险，为监管部门实施监管提供依据，提高行业发展的合规性，最终促进网络借贷行业的健康、规范和持续发展。

三、网络借贷评级的操作要点

虽然网络借贷评级对于促进网贷行业规范、健康发展具有重要作用，但网络借贷评级结果的客观与公正性，在很大程度上决定了这种作用发挥的有效性。为了确保网络借贷评级结果的公信力，网络借贷评级仍需解决"谁来评""怎么评"的问题。

由于网络借贷平台为信息中介而非信用中介，因此网络借贷评级有别于传统的信用评级。当前我国法律法规并未对网络借贷评级的实施主体作明确规定，这就意味着法无禁止皆为可行。根据市场当前的实践来看，实施网络借贷评级的机构主要包括三类：一是像联合、大公国际这样的专业评级公司，二是网贷之家、融360等垂直门户，三是社科院等高校研究机构。

从专业性与评级经验上而言，专业评级公司具有丰富的评级经验，在识别经营管理风险、审查平台合规性上具有优势；而网贷之家等垂直门户，则在多年的积累中具备一定主动评级的数据优势，但缺乏现场尽职调查经验与专业性；社科院等高校研究机构的评级报告目前采用的数据有限，影响范围也相对较小。

尽管网络借贷评级并非信用评级，但网络借贷评级需要对网络借贷平台的综合实力作出判断，这与传统信用评级在很大程度上具有一致性。专业评级公司是第三方独立机构，作为网络借贷评级的实施主体，在专业性、独立性和从业经验上，相比其他机构均具有明显优势。

但是，需要承认的是，像大公国际这种按照资本市场借款主体评级的标准，将许多知名的网络借贷平台列入"黑名单"的做法，显然是不符合行业发展的实际情况和信息中介的定位的。因此，如何依据行业发展实际情况、结合以往评级经验，制定符合行业特征的网络借贷评级标准并操作实施，是网络借贷评级中需要解决的重要问题。

目前，网贷之家给出网络借贷平台发展指数评级，是根据公开可查的信息、数据，选取成交、营收、人气、技术、杠杆、流动性、分散度、透明度和品牌9个维度进行加权平均，评级结果仅反映平台的综合影响力、综合实力和发展潜力，并不反映平台的安全性，因此对于识别和评价平台风险具有较大局限性。融360的评级则是选取背景实力、平台风险控制、运营能力、信息披露和用户体验五个方面的20余项指标，但对平台合规方面的考量不足。社科院的网络借贷评级体系则是从基础指标、运营能力和风险管控三大角度出发，构建了三级指标体系，但体系中忽视了对借款人集中度等关键指标进行考察。由此可以看出，这些机构针对网络借贷评级的评价体系均具有一定的局限性，尚不能满足市场对网络借贷评级的期望，评级结果的公信力不足。

网络借贷评级的评价体系必须具有科学性、合理性，以保证网络借贷评级结果的公信力。为达到这一目标，网络借贷评价体系应该具有以下特征：

第一，适合我国网贷行业发展的评级体系，需要以合规为基本底线。任何行业的发展与评级都需要遵循合规原则，对于网络借贷这样的新兴行业，其发展模式尚不成熟、行业风险较高，更要恪守合规底线规范发展。合规性是评级的前提，在遵纪守法的情况下才能进行评级分类。鉴于网络借贷行业《暂行办法》刚刚出台，而且考虑到监管应服务行业发展、为行业发展提供空间，《暂行办法》规定了12个月的整改期限。因此，这一阶段实施的评级，应考虑根据合规内容对评级结果进行一定限制，为行业发展预留整改空间。

第二，科学、合理的网络借贷评级体系，一定是以行业发展实际为契机的。大公国际给出的评级结果，不仅未经实地调研，而且未结合行业的实际情况，采用与借款企业评级类似的评价体系，显然是不符合行业发展的实际情况的。为了实现评级结果的客观、公正，应立足行业发展的实际情况考量行业的风险特征。例如，网络借贷平台定位是信息中介，这就决定了盈利能力并非评价平台风险的关键指标，而平台的运营能力、风险控制能力的重要性则非常显著。

第三，网络借贷评级体系不仅要考察公开可获得的信息、数据，更要经过现场调研，采用定量与定性分析相结合、并以定性分析为主的方式。现行大多数网络借贷评级的一个突出局限性在于，其往往是以公开定量信息为主的主动评级，缺乏现场调研，从而无法对被评级对象进行全面评估，定性分析严重不足，评级结果的公信力难以保障。在现场尽职调查信息采集与核实基础上，结合公开可获得信息，进行相互验证分析与评价，定量与定性相结合，可以避免仅根据部分公开信息和数据进行评级的主观性，才能出具更具有公信力的网络借贷评级结果。

总而言之，随着网络借贷行业的快速发展，引入第三方独立机构进行专业网络借贷评级已经成为时代所需，是保护投资人合法权益、增加市场信息透明度、强化和落实监管、促进网络借贷行业规范健康发展的重要手段。